関西弁で読む遠野物語

柳田国男 著
畑中章宏 訳
スケラッコ 絵

はじめに

『遠野物語』は、日本民俗学を始めた柳田国男（一八七五〜一九六二）が、現在の岩手県遠野市出身の佐々木喜善（鏡石）から聞き書きした話をまとめ、明治四三年（一九一〇）六月に自費出版したものです。

『遠野物語』には、妖怪や亡霊が登場し、さまざまな怪異現象が記録されています。こうした現実離れした話の数々を、柳田は「目前の出来事」、「現在の事実」だと主張し、近代的知性や合理的思考では計り知れない世界を世に知らしめようとしました。「願わくは之を語りて平地人を戦慄せしめよ」という有名な言葉には、柳田の発見の驚きと反響への期待が示されているのです。

柳田は飾磨県神東郡田原村辻川（現在の兵庫県神崎郡福崎町）に、漢学者松岡操の六男として生まれました（柳田姓となったのは、信州飯田藩出身の大審院判事柳田直平の養嗣子として入籍したためです）。

柳田は東京帝国大学法科大学政治科を卒業したあと、農政官僚として全国の農山村を歩くかたわら、各地の民間伝承や民間信仰に関心を寄せるようになります。この関心がやがて、『遠野物語』のほか、『山の人生』、『一目小僧その他』、『女性と民間伝承』、『妖怪談義』といった著作につながっていくのです。

『遠野物語』は遠野に古くから語り伝えてきたこと、あるいはいまさっき起こった出来事を、佐々木喜善が記録した話がもとになっています。喜善は家族の年寄たちや、遠野の古老から聞いた話を数多く採集していたのですが、その一端を柳田に聞かせたのでした。

喜善が語る「遠野の物語」は、柳田の耳には訛りが強く、聞き取るのに苦労したと言います。そこで柳田は、「遠野の物語」を地域性を帯びた出来事ではなく普遍的な民俗資料に高めるため、口語体を避けた文語体で『遠野物語』としてまとめたのです。

『遠野物語』の怪異かつ濃密な世界に入っていくのに、文語体に阻まれて戸惑う人も少なくはないでしょう。しかし、ここに収められた伝承は「語り」によって受け継がれてきたものなのです。おじいさんやおばあさんが、囲炉裏(いろり)を囲んで孫に聞かせる。また村の物知りが、子どもたちに言い伝える。そんな『遠野物語』

の語りを甦らせるため、遠野地方の方言に戻せばよいかと言うと、それでは東北の人以外には、かえってわかりづらくなるのではないでしょうか。

そこで、語り言葉として現在多くの人に受け入れられている、関西弁に訳してみるとどうなるかと考えたのです。関西、なかでも上方は説教節にはじまり、義太夫節や浄瑠璃など「語り物」の芸能がさかんでした。またいまでも落語や漫才、お笑い番組などで関西弁による語りは、多くの日本人に親しまれています。おかしみと親しみをそなえた関西弁で『遠野物語』を翻訳すると、わかりやすく、また楽しく読むことができるのではないかというのが本書の狙いなのです。

柳田国男は、一二歳のとき兄鼎（かなえ）が医院を開業していた茨木県の布川（ふかわ）に移り住み、それ以降はずっと関東で暮らしました。しかし晩年の自叙伝『故郷七十年』（一九五九年）によると、「私はとうとう故郷を離れて七十年間、上方の方のアクセントですごしてしまった」、「とうとう私も子供の時分に身につけたアクセントが一生なおらないらしい」と述懐しているのです。

「三つ子の魂、百まで」と言いますが、播州生まれの柳田は関西人の耳で「遠野の物語」を聞き、関西人のあたまで理解しようとしたことでしょう。柳田が二一歳のときに亡くなった母たけがもし生きていたなら、こんなふうに話したかもしれません。「東北の遠野っちゅうとこに伝わってる、けったいな話をぎょうさん聞いてきてん。これからおかんに聞かせたるなぁ」。

一一九話からなる『遠野物語』は、四〇の題目による分類を手がかりに読むことができるようにもなっています。本書でも収録順ではなく題目に従い、それを三つのパートに分けて掲載し解説を付けました。またいくつかの題目を一つに合わせたり、二つに分けた題目もあります。また昭和一〇年（一九三五年）に刊行された『遠野物語増補版』で追加された口語体による二九九編は、「拾遺」として読み継がれており、解説の参考にしました。

畑中章宏

遠野市の地図
小国
白望山（白見山）
小烏瀬川
土淵
ダンノハナ
デンデラノ
笛吹峠
青笹
六角牛山
上郷

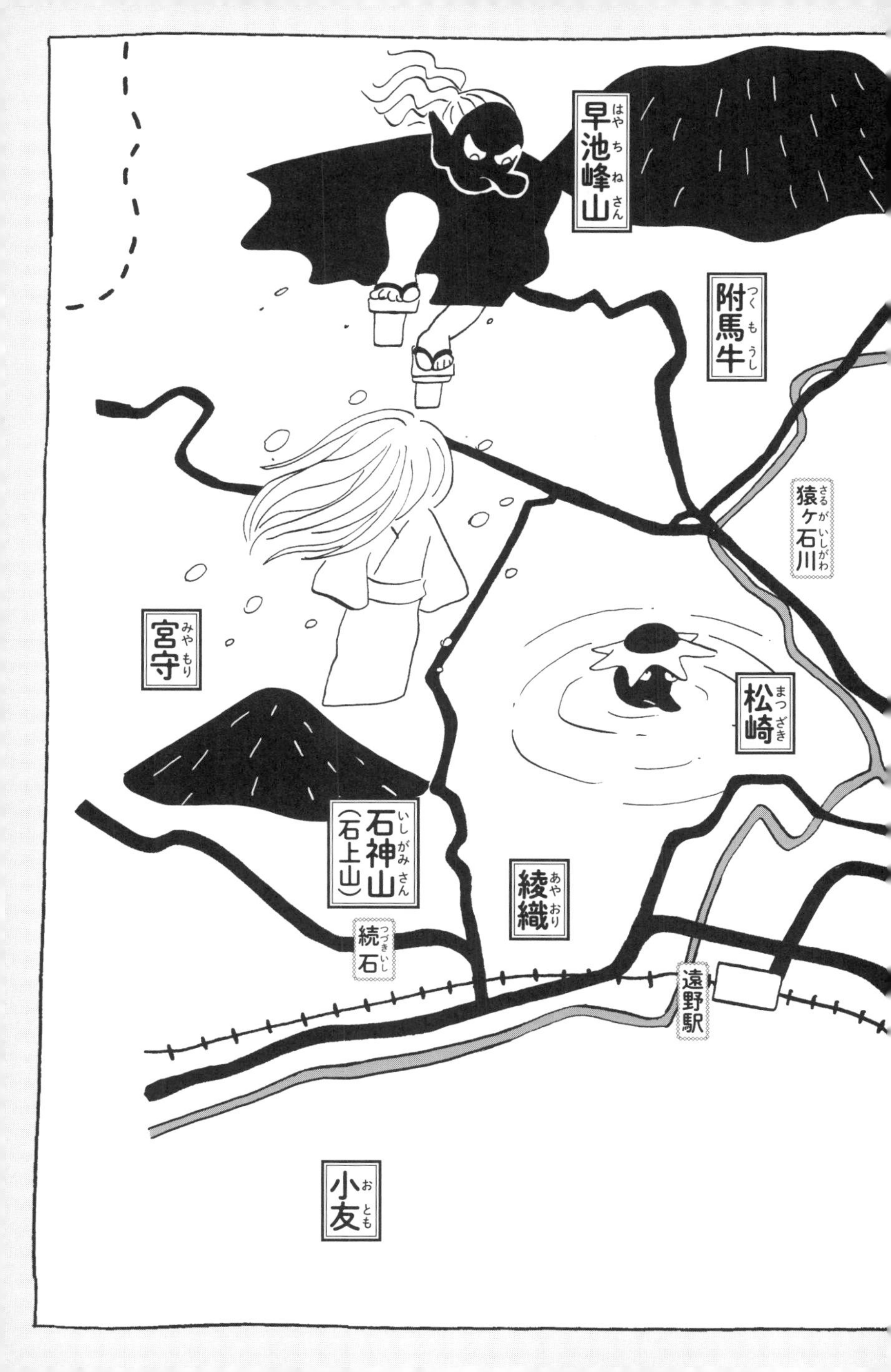

早池峰山
附馬牛
猿ヶ石川
宮守
松崎
石神山（石上山）
綾織
続石
遠野駅
小友

目次

本文中の注について、○は柳田による原注、＊は畑中による訳注

ブックデザイン　佐藤亜沙美
ＤＴＰ　株式会社ユーホーワークス
印刷　シナノ書籍印刷

この本を外国にいてはる人らに捧げます

序文

ここに載せたんはぜんぶ、遠野の佐々木鏡石（きょうせき）くんから聞いた話です。去年[*1]の二月ごろから、夜になったら鏡石くんが訪（たん）ねてきては話してくれたんを、書きためたもんです。鏡石くんはあんまし話が上手（うま）いことはないけど、誠実な男で、じぶんかて一字一句手加減せんように、感じたまんまを書いたつもりです。

思うねんけど、遠野の郷（さと）にはこんな感じの物語（はなし）が、まだ数百件はあるんとちゃうやろか。じぶんらはもっともっとぎょうさん、そんな物語を聞いてみたいと思いますねん。

国内の山村でも、遠野より奥まったとこまで行ったら、山神とか山人の伝説が数えきれへんぐらいあることでっしゃろ。できるんやったら、こんな話を聞かせて、都会に住んでる人らをびびらせたりいや。この本なんか、「陳勝呉広（ちんしょうごこう）」[*2]にしかすぎひん。

去年の八月の末、遠野郷を旅してん。

花巻から十余里ほどのあいだには、町場が三か所ぐらいあるだけで、青い山と

＊1　明治四十二年（一九〇九年）。

＊2　中国秦末期に史上初の農民反乱を起こした兵士の名。物事のさきがけをすること。

原野ばっかしです。人の焚く煙も見えへんとこは、北海道の石狩平野なんかよりひどいもんやったけど、新道を通ったさかい、まだ民家に住んでいる人がおらへんかったせいかも知らへん。

　遠野の城下町のほうは、えらい賑やかでしたわ。旅館[*3]の主人に馬借りて、ひとりで郊外の村をめぐってんけど、その馬が黒い海草でこさえた糸の総を掛かけてるのんは、虻がぎょうさんおるせえなんやそうです。猿ヶ石川の谷筋は、土がよお肥えて、よお拓けとります。道端に立ってる石塔の多さゆうたら、ほかの国とは比べもんにならしません。

　高いとこから見おろしたら、ちょうど早稲が実ってて、晩稲は花ざかり。田んぼの水はみな川に落ちてます。

　稲の色は種類によってぜんぜん違とります。三つ、四つ、五つの田んぼの稲が、ずうっと一緒の色してるんは、ひとつの家が持ってて名処がおんなしやからです。「小字」よりもっと小いさいとこの地名は、持ち主やあらへんかったら、だぁれも知らしまへん。売買譲与の古い証文なんかにはようあることです。

　附馬牛の谷越えたら早池峰の山がうっすら霞んで、その山の形は菅笠みたいや

*3　高善旅館。

ったり、片仮名の「へ」の字ぃみたいです。このへんの谷は、稲が実るのがえらい遅うて、見渡すかぎりの緑でしたわ。

田んぼの中の細い道行ったら、名前もわからん鳥が雛鳥連れて横ぎります。雛は黒い色に白い羽根がまじってるさかい、最初は鶏の小さいのんかと思てんけど、溝の草に隠れて見えへんようになりよるから野鳥やゆうのがわかります。

天神さんの山ではお祭りの最中で、獅子踊(ししおど)りをしてました。[＊4] そのへんだけほこりが舞って、紅いもんがぎょうさんひらめいて村の緑に映えてます。獅子踊ゆうんは「鹿の舞」のことで、鹿の角ついたお面をかぶってた五、六人の子どもが、剣を抜いて一緒に舞います。

笛の調子は高うて、歌は低うて、すぐそばにおってもよう聞こえへん。日が傾いたら風が出てきて、酔うた人が呼ぶ声も淋しゅうて、女は笑(わろ)うて、子どもが走りまわってるのを見たら、旅の愁いをもうどないすることもできません。

このへんでは、盂蘭盆(うらぼん)に新しい仏のある家は紅白の旗を高う揚げて、魂を招く風習があります。峠で馬の上から東西を指さしたら、こういう旗の立ってる家は十数か所もおました。長いこと住んでたとこを去ろとするもんと、たまたま入り

＊4　附馬牛の菅原神社の祭礼で、現在も続く「張山しし踊り」と考えられる。

こんでしもた旅人と、ゆったりした霊山[*5]を、黄昏がしずこうにやってきて包みよります。

遠野郷には観音堂が八か所[*6]あるねんけど、そこにお祀りされてる観音は、ぜんぶ一本の木ぃで作られたそうです。この日はちょうど、お礼参りの人がぎょうさんいてて、丘の上には灯りが見えて、伏鉦（ふせがね）[*7]の音が聞こえよります。道ちがえの草むらには、「雨風祭[*8]」の藁人形がくたびれた人みたいにふせとりました。

こういうのんは、じぶんが遠野で感じた印象です。

それにしたかて、こんな種類の書き物（もん）は、現代の流行（はやり）やないのとちゅうやろか。印刷がなんぼ簡単になったゆうても、こんな本出して、けったいな趣味を無理強いするのは無作法やゆう人もいてますやろ。

せやけど言わせてんか。こんな話聞いて、あんなとこ見てきて、人に話したならへんもんがいてまっしゃろか。そないに無口でつつしみ深いもんは、じぶんの友だちのなかにはだあれもいてません。九百年前の『今昔物語[*9]』なんか、書かれた頃かて「今は昔の話」やってんけど、言うたらこっちのほうは、「目前の出来事」なんやで。

＊5　早池峰山のことか。

＊6　遠野には「遠野七観音」があり、「七か所」の聞き間違いだったと言われている。「七観音」は山谷観音、松崎観音、平倉観音、鞍迫観音、宮守観音、山崎観音、笹谷観音。

＊7　台座に伏せてのせ、念仏のときに撞木でたたきならす鉦。たたきがね、ひらがね。

＊8　雨風鎮めの行事。第一〇九話（199頁）に詳しい。

＊9　平安時代後期、一二世紀初めに成立した日本最大の古説話集。三一巻。現存二八巻。作者未詳。天竺（インド）・震旦（中国）・本朝（日本）の三部に分かれ、一千余の説話を収める。書名は、各話が「今は昔」で始まることに由来する。

つつましゅうて、きまじめなことでは『今昔物語』に勝つことはできひんけど、人が聞いたり、話したり、書いたりしたこともほとんどあらへんさかいに、あの淡泊で無邪気な大納言殿が帰ってきても、聴きたなるぐらいの価値はあるはずや。近世の『御伽百物語（おとぎひゃくものがたり）』[*10]なんかは、書き手の志が狭うて、話を真に受けることもできません。そんな本と並べられたらほんまに恥や。この本は、言うたら「現在の事実」や。それだけでも、存在する意味があると信じてます。

せやけど、鏡石くんはまだ二十四、五歳で、自分にしてもそれから十歳ほど年上なだけです。いまみたいに、せなあかんことがぎょうさんある時代に生まれてきたのに、問題の大小もわかっとらんし、力使うとこを間違えてるみたいにゆう人がおったら、たしかに答えようがあらしません。明神さんの山にいる木兎（みみずく）みたいに、耳尖らせすぎてるし、眼ぇ丸ぅしすぎてるて、責める人がおったらどないしょ。そしたらしゃあない、責任はじぶんが負わなあかんなあ。

おきなさび飛ばず鳴かざるをちかたの森のふくろふ笑ふらんかも[*11]

*10　江戸時代中期の戯作者・青木鷺水（ろすい）の編著による怪異譚集。

*11　「まるで老人のように、飛んだり泣いたりできない森の梟でもおもしろがり、笑ってくれることでしょう」の意味。

地勢

遠野は大昔、湖だった!?

一　遠野郷○はいまで言うたら、陸中上閉伊郡の西半分の山に囲まれた平地です。新しい町村名やと、遠野、土淵、附馬牛、松崎、青笹、上郷、小友、綾織、鱒沢、宮守、達曾部の一町十か村に分かれてます。近代やと西閉伊郡て言うたり、中世やと遠野保て呼ばれとったみたいです。いま郡役所の立ってる遠野町は遠野郷の中心になってて、南部家一万石の城下町でお城のことを「横田城」*1て呼んだりしてます。

遠野の町まで行ことしたら、花巻の停車場で汽車下りて、北上川を渡って、支流の猿ヶ石川の谷を伝うて東に十三里ほど入ったら着くことでっしゃろ。山奥には珍しいぐらい賑やかなとこです。

遠野郷は大昔はぜぇんぶ湖で、湖の水が猿ヶ石川になって人の住んでるとこまで流れ出してしもて、いつとはなしにこんな村ができたてゆう言い伝えがあるそ

*1　阿曽沼氏によって築かれ、江戸時代には遠野南部氏の居城となった。鍋倉城、遠野城ともいう。

うです。

　そのせいか知らんけど、このへんでは、猿ヶ石川に落ち合う谷川が多いもんやさかい「七内八崎あり」て言うてます。「内」は「沢」とか「谷」のことで、奥州にはようある地名です。

○遠野郷の「トー」は、もともとアイヌ語の「湖」から出た語で、「ナイ」もアイヌ語である。

山男山女を避けて回り道

五　遠野郷から三陸海岸の田ノ浜、吉利吉里の方に越えよるんやったら、昔から笛吹峠の山道があります。山口村から六角牛の方へ入っていくさかい、だいぶん近道やねんけど、最近この峠を越えよとしたら、山の中で必ず山男や山女に出くわしまんねん。
　そんなんやさかい、みんな怖がってしもて、人通りがだんだん少ななってきて、境木峠てゆう方にべつの道を開いてん。和山を馬次場にして、二里以上も回り道やのに、みんなこっちばっかし越えるようになってしもてます。

○「山口」は六角牛に登る山の口にあたるので、この村名になった。

石塔の多く立つところ

九八　道のそばに、山の神、田の神、塞（さえ）の神*2の名前を彫った石立てるんは、このへんではようあることです。早池峰山（はやちねさん）とか六角牛山（ろっこうし）てゆう名前を刻んだ石は、遠野郷にもおますけど、浜の方にはよけいにぎょうさんあります。

*2　村や集落の境にあり、外から侵入するものを防ぐ神。

妖怪・霊獣・神さま編

神の始

いちばんええ山もろたんは、何番目の姫神？

姉神が寝ているすきに、妹が…

二　遠野の町は南北の川が落ち合うとこにあります。むかしは「七七十里（しちしちじゅうり）」ゆうて、七つの谷のめいめいが、七十里[1]も奥から売り買いする貨物を集めてきて、市の日になったら馬が千匹、人が千人ゆうぐらい賑やかになったもんです。

四方を囲んでるなかでいちばんりっぱな山は、北の方にある「早池峰山（はやちね）」で、附馬牛（つくもうし）の奥に立ってます。東の方には「六角牛山（ろっこうし）」が立ってて、附馬牛と達曾部（たっそべ）[2]のあいだには、「石神（いしがみ）」てゆう、ほかの二つより低い山があります。

大昔、ここの高原に、娘を三人連れた女の神様がやって来て、今の来内村（らいない）[3]の伊豆権現（いずごんげん）*の社に泊まらはったんやそうです。

そのとき母神さんが、

「今夜、いちばんええ夢見た子に、好きな山あげるわ」

ゆうたんやて。

ほんで三人が寝てたら、夜遅うに天から霊華（れいか）が降ってきて、姉神さんの胸の上に止まっててん。そしたらいちばん下の妹神さんが眼ぇ覚まして、こっそり霊華を

＊　現在の伊豆神社。

じぶんの胸の上に載せたんやて。せやから、末の妹神さんがいちばんきれいな早池峰をもろて、姉神さん二人は六角牛と石神をもらうことになったんやそうです。三人の姫神さんは、いまかて三つの山に住んで山治めてるもんやさかい、遠野の女の人らは妬（ねた）まれるのんが恐（こわ）あて、その三つの山で遊ばへんのやて言います。

○1この一里は「小道」、つまり坂東道で、一里が五丁または六丁である（一丁は約一〇九メートル）。

○2「タッソベ」もアイヌ語で、岩手郡玉山村にも同じ大字がある。

○3上郷村大字来内。「ライナイ」もアイヌ語で、「ライ」は「死」のこと、「ナイ」は「沢」のことで、水の静かなことに由来する地名か。

【解説】

遠野三山のそれぞれを、三人の姫神のだれが領有するか。母神の名は明らかにされてないが、さぞかし気高い神なのでしょう。

早池峰山は北上山地の最高峰で「日本百名山」のひとつ。北麓の集落に伝わる「早池峰神楽」でもよく知られています。六角牛山は遠野市と釜石市との境界にそびえ、「遠野小富士」の異名を持ちます。珍しい山名は六人の皇族が住んだ山だから、大きな牛の背のように見えるから、アイヌ語の「山容の垂れ下がる山」という意味からなど、いくつかの説があります。石神山は現在、石上山と呼ばれ、『遠野物語拾遺』には、女人禁制を犯して石になった巫女の「姥石」伝承が収められています。

原注では、「地勢」に引き続き、遠野にはアイヌ語由来の地名が多いことが示されています。

カクラサマ

子どもと遊ぶのが大好きな里の神様

遊びを止めたら祟られる

七二　栃内(とちない)村の字琴畑(ことはた)ゆうとこは、深山の沢にある五軒ほどの集落で、小烏瀬(こがらせ)川の支流の上流で栃内までかて二里も離れてます。

琴畑の入口にある塚の上には、木ぃでできた人間ぐらいの坐像がおいたあって、前はお堂の中に坐ってはってんけど、今は雨ざらしになってます。このお像のことを、村のもんはみんな「カクラサマ」て呼んどりますねん。

村の子らは「カクラサマ」を、おもちゃみたいに引っぱり出してきて、川に投げたり、道で引きずったりして遊びよるもんやさかいに、鼻かて口かて、もう見えへんようになってしもてます。

せやけど、子どものこと叱って、遊びを止めたりするもんがおったら、祟られて病気になってまうこともあるんやそうです。

○ご神体や仏像が子どもと遊ぶことを好み、それを止めると怒るという事例はほかにも多い。遠江小笠郡大池村東光寺の薬師仏（『掛川志』より）、駿河安倍郡豊田村曲金の軍陣坊社の神（『新風土記』より）、または信濃筑摩郡射手の弥陀堂(みだどう)の木仏（『信濃奇勝録』より）などがそれである。

信仰されていない神

七三　カクラサマの木像は、遠野にぎょうさんあります。栃内の字西内にもおますし、山口分の大洞ゆうとこにも、カクラサマがあったんを覚えてる人がいてます。

カクラサマのことを信仰してる人は、いまはいてません。木像の彫りかたはお粗末やし、着物や頭の飾りかてはっきりしてませんねん。

神名は地名に由来する

七四　栃内にあるカクラサマは右に書いた大小二つで、土淵村には三つか四つあります。

どのカクラサマも木ぃでこしらえた半身のお像で、なたで荒削りしただけのぶかっこうなもんやけど、人の顔をしてるんだけは見たらわかります。

カクラサマっちゅう名前は、旅してた神様休まはったとこの地名で、そこにいつもいてはる神様のことも、おんなしふうに呼ぶようになりましてん。

【解説】

題目では大きなくくりで「里の神」として九八話（本書では「地勢」〔18頁〕に収録）だけが取り上げられ、「カクラサマ」と「ゴンゲサマ」は、それ以外の里の神の話として分類されています。

カクラサマの「カクラ」は漢字で、神楽・角羅・賀久羅・神楽・神座などと記され、遠野ではかつて堂宇の中に祀られていたようですが、信仰や祭祀の詳細はわからないようです。

カクラサマは子ども好きの神様だとされます。子どもが神仏と遊ぶのをとがめたため祟りにあったという話は、『遠野物語拾遺』の五一話や五二話にもみられ、前者では馬頭観音（ばとうかんのん）、後者では阿修羅が登場します。

ゴンゲサマ

火伏(ひぶ)せの神様は、片方の耳がない

二〇　「ゴンゲサマ」ゆうんは、神楽舞の組ごとに一つずつ備わってる、木ぃででけたお像のことで、獅子頭によう似てるねんけどちょっと違てます。せやけど、なかなかご利益のあるものなんやていいます。

新張の八幡社[*1]の神楽組のゴンゲサマと、土淵村字五日市の神楽組のゴンゲサマが、昔お祭の途中で喧嘩したんやそうです。そのとき、新張のゴンゲサマが負けて、片方の耳を失くしていまかておません。毎年、村々を舞って歩くもんやさかいに、ゴンゲサマに耳がないことはみな知ってます。

ゴンゲサマのいちばんの霊験は「火伏せ」です。

新張の八幡さんの神楽組が、昔、附馬牛村まで行ったとき、日ぃ暮れたのに宿取りそこねましてん。せやけどある人が、貧乏やゆうのに、気持ちよう泊めてくれたんやそうです。その夜、五升枡[*2]を伏せた上にゴンゲサマ置いて、みんな寝てしもてたら、「ガツガツ」物噛む音がしまんねん。

びっくりして起きあがったら、軒端に火ぃが燃えうつってるんを、枡の上のゴンゲサマが、なんべんも飛びあがって火ぃ喰い消してたんやて。

頭を患った子がお願いして、ゴンゲサマに噛んでもろたりすることもあります。

＊1　現在の遠野八幡宮（松崎町白岩）。もう一方の神楽組は倭文神社（遠野市土渕町土渕）のもの。

＊2　約二五・二七センチ四方、深さ約一四・一二センチ、容量約九・〇二リットルの枡。

【解説】

「ゴンゲサマ」は権現様のことで、「権現」というのは仏・菩薩が衆生を救うために仮（権）の姿をとって現れること、また現れた姿を言います。

遠野を含めた南部領では、神意を獅子頭に移したものを権現様と呼びますが、柳田は獅子頭とは「よく似て少しく異なれり」（原文）と書いています。遠野の権現様は「火伏せ」に霊験があるとされていますが、各地では愛宕権現、秋葉権現などの権現が火伏せの神として信仰されました。『遠野物語拾遺』にも新張八幡の権現が喧嘩して片耳を失う話があり、そこでは本編一一〇話とはまた別の権現様に片耳を喰い切られています。柳田国男は『一目小僧その他』（一九三四）所収の論考などで、動物の片耳、片目片足などについて、かつての供儀との関連性を示唆しています。

オクナイサマ

お祀りしたら幸せになる神様

神様の顔に白粉を塗る風習

一四　どこの集落にも、古うから続いてる「大同(だいどう)」てゆう家があって、そこでは必ず「オクナイサマ」っちゅう神様を祀っています。

この神様のお像は、削った桑の木に顔を描いて、四角い布の真ん中に開けた穴にそれを通して衣裳にしてます。正月の十五日になったら、小字(こあざ)じゅうの人がこの家に集まってきて、オクナイサマのお祭りをします。

ほかに「オシラサマ」[1]はてゆう神様もいてます。この神様のお像も「オクナイサマ」とおんなしようなつくりで、やっぱし正月の十五日に、里のもんが集まってお祭りをします。そのお祭りのときには、神様の顔に白粉(おしろい)を塗ることもあります。[2]

大同の家には畳一帖の部屋が必ずおまして、夜そこに寝たもんは、たいがいけったいな目に遭うんやそうです。枕をひっくり返されたりするぐらいはふつうで、だれかに抱き起こされたり、部屋から突き出されたりして、あんじょう眠らせくれへんのやて。

○1 オシラサマは双神、二神一組の神である。アイヌの社会にもこの神があることが『蝦夷風俗彙聞』に見られる。

○2 羽後苅和野（現在の秋田県大仙市刈和野）の町で、市の神のご神体である陰陽の神様に、正月十五日に白粉を塗ってお祭りをすることがあるのは、これと似た例である。

神様は泥にまみれて田植えを手伝う

一五　オクナイサマをお祀りしたら幸せになるんやそうです。土淵村の大字柏崎にいてはる長者の阿部さんのことを、村ではみな「田圃の家」て呼んでます。ここの家である年、田植えの人手は足らんし、明日の天気も怪しいさかいに、

「ちょっとぐらい、田んぼ植え残しとこか」

て主人がつぶやいてん。

そしたら、どっかから背ぇの低い小僧がやって来よって、

「わてかて手伝うたるでぇ」

てゆうから、小僧に田植えを任せて、働かせといたんやて。

昼飯どきになって、小僧にご飯食べさせたろ思て呼びに行ったら、田んぼにいとらへん。ちょっとしたら戻ってきよってんけど、一日じゅう代搔[しろか][*1]いて、よう働いてくれたさかいに、その日のうちに植わってしもてん。

「どこのもんか知らんけど、晩ご飯かて食べにきいや」

ゆうて誘てんけど、日ぃ暮れたらまた姿が見えへん。

ほんで家に帰ったら、小さい泥の足跡がぎょうさん縁側についてて、座敷の方まで続いてて、オクナイサマの神棚のとこで止まってまんねん。「ひょっとしたら」と思て扉を開けたら、神様の腰から下が、田んぼの泥にまみれとったんやて。

*1　田植えの前に田に水を入れ、底をかきならすこと。

コンセ様とオコサマ様

一六　「コンセサマ」をお祀りしてる家もまああって、この神様のご神体は「オコマサマ」によう似てます。
オコマサマのお社も里にはぎょうさんあって、石とか木ぃで男のモノを作ってそこに奉納してたてんけど、そういうことも最近は少ななってきました。

木像や掛け軸でお祀りする

七〇　おんなし人[*2]の話やねんけど、オクナイサマはオシラサマのある家には、必ずいてはる神様なんやそうです。せやけど、オシラサマはあらへんけど、オクナイサマだけいてはる家もあります。それに神様のお像かて、家によって違(ちゃ)うみたいです。

山口の大同の家のオクナイサマは木ぃでできてて、山口の辷石(はねいし)たにえさん家(とこ)のオクナイサマは掛け軸なんやそうです。田圃(たんぼ)の家(うち)[*3]のも木のお像です。飯豊(いいで)の大同の家かて、オシラサマはあらへんど、オクナイサマはいてはるいいます。

＊2　六九話を語った大洞(おおほら)万之丞(まんのじょう)の養母おひで。佐々木喜善の祖母の姉にもあたる。

＊3　一五話と同じ、土淵村柏崎の阿部家。

【解説】

題目「家の神」にはコンセサマを取りあげた一六話が収められ、さらに「オクナイサマ」、「オシラサマ」、「ザシキワラシ」が小項目として立っています。ここでは「オクナイサマ」に入る三篇と、「家の神」の一六話を収めました。オクナイサマは「屋内様」や「御宮内様」と記される、まさに屋内の神です。「オコナイサマ」とも呼ばれ、次項のオシラサマと同様に、桑の木でつくり衣装をかぶせた木像のほか、掛け軸を信仰する場合があるようです。陰陽ひと組なところもオシラサマと似ていますが、田植えを手伝うことで人を幸せにするなど、農業神の性格が強いのかもしれません。

なお一六話のコンセサマは「金精様」、オコマサマは「お駒様」で、五穀豊穣や安産を祈願する性神と考えられます。

オシラサマ

結ばれた娘と馬は、死んで神様に祀られた

桑の木をめぐる悲恋と信仰

六九　いまの土淵村には「大同（だいどう）」っちゅう家が二軒あって山口の「大同」の当主は大洞万之丞（おおほらまんのじょう）ゆう人です。

　この人のお養母（かあ）さんはおひでさんてゆうて、八十超えてるのに達者なもんです。佐々木くんのお祖母（ばあ）さんのお姉さんにあたる人で、魔法が使えるもんやさかい、まじないで蛇殺したり、木に止まってる鳥落したりするのを、佐々木くんもよう見たんやそうです。去年の旧暦正月十五日にこのおばあさんが、こんな話をしてくれましてん。

　昔あるところに、奥さんはいてへんけど、ぺっぴんの娘さんと一緒に住んでる、貧しいお百姓さんがおったそうです。あと、馬を一匹養（こ）うてました。ところがこの娘さんが馬のこと好きになって、夜になったら馬小屋で寝とるうちに、馬と夫婦（めおと）になってしもてん。

　親父さんは、ある夜このことを知ったもんやさかいに、次の日に娘さんに内緒で馬連れ出して、桑の木に吊り下げて殺してしもたんやて。

その夜、娘さんは馬がいてへんから、親父さんに尋(たん)ねたら、だんなになった馬が殺されたと聞かされてん。そしたらめちゃくちゃびっくりして、あんまり悲しゅうて、桑の木の下で死んだ馬の首にすがりついて泣いてたんやけど、それ見た親父さんはよけいに腹立てて、馬の首を後ろから斧で切り落したら、あっちゅうまに娘さんは馬の首に乗って、天に昇っていきよってん。オシラサマゆうのは、このときに生まれた神様ですねん。

オシラサマのお像は、馬を吊り下げた桑の枝でこしらえるねんけど、遠野には三体あります。

木の元のほうで作ったのは山口の大同にいてはって、これが「姉神」さんです。木の中ほどで作ったのは、山崎の在家(ざいけ)で「権十郎(ごんじゅうろう)」ゆう人の家にいてます。この家は、佐々木くんの伯母さんが縁づいた家やねんけど、家が絶えてしもて神様の行方もようわかりません。

木の末のほうで作った「妹神」さんのお像は、今は附馬牛(つくもうし)村にあるんやそうです。

【解説】

馬娘婚姻譚として知られ、桑の木に因むことから養蚕（ようさん）業にかかわると思われるオシラサマの話です。オシラサマ（オシラ様・おしら様・お白様）は、東北を中心に東日本の広い地域で信仰され、「オシンメ様」「オシンメイ様」（福島県）、「オコナイ様」（山形県）などとも呼ばれます。

佐々木喜善の『聴耳草紙』にはこの六九話の後日譚があり、天に飛んだ娘は両親の夢枕に立ち、蚕を桑の葉で飼うことを教え、絹糸を産ませて、それが養蚕の由来になったとあります。このようにオシラサマは養蚕の神として知られていますが、農業の神、馬の神などともされていて、地域により祈願の目的がさまざまなのです。

ザシキワラシ

〝気配〟がしたら、金も地位も思いのまま

こどものすがたをした神さん

一七　古うから続いてる家には、「ザシキワラシ」っちゅう神様が住んどるところが少なおまへん。この神様は十二、三歳ぐらいの子どもで、ちょいちょい姿を見せよるそうです。

土淵（つちぶち）村大字飯豊（いいで）の今淵勘十郎はんちでのことやねんけど、高等女学校にかよてる娘さんが休みで帰っとったら、廊下でザシキワラシに会うたさかい、えらいびっくりしましてん。そのザシキワラシは、男の子に間違いなかったて言います。

同じ村の山口の佐々木はんとこでは、*1 お母ちゃんがひとりで縫い物（もん）してたら、隣の部屋で「ガサガサ、ガサガサ」紙の音がするんやそうです。そこは東京行っておらんはずのご主人のへややさかいに、

「なんや。おかしいなぁ」

思て、板戸を開けて見てんけど、なんの影もあらへん。ほんでしばらく坐っとったら、こんどは鼻を鳴らす音がえらいしよる。お母ちゃんは、

「こらぁ、ザシキワラシのやっちゃ」

*1　佐々木喜善の実家。

て気づきましてん。

この家にザシキワラシがいてんは、だいぶ前から言われとったことです。「この神様の宿ってる家は、金も地位も思いのまんまや」て言われてます。

○ザシキワラシは座敷童衆のことである。この神様のことは『石神問答』[*2]にも出てくる。

幸福も連れて去っていく

一八 ザシキワラシは女の子なこともあります。さっきとおんなし山口の古い家で、山口孫左衛門[*3]ゆうひとのとこには、おぼこい女の神様が二人いてはるて、昔から言い伝えてます。

ある年のこと、山口村の何某っちゅう男が町から帰ってくる途中、留場（とめば）の橋のほとりで、これまで見たこともあらへんような、ええ感じの娘さん二人に逢うたんやそうです。二人はなんか考えごとでもしてるふうで、こっちのほうに来よんねん。男が、

「あんたらどっから来たんや？」

＊2　柳田国男の著書。明治四三年（一九一〇）刊。日本にみられる各種の石神についての考察を、柳田と山中笑、伊能嘉矩（かのり）、白鳥庫吉、喜田貞吉、佐々木繁らとの間にかわした書簡をもとに編集したもの。

＊3　第二一話（148頁）に村には珍しい学者だったと記されている。

て尋ねたら、

「うちら、山口の孫左衛門のとこからきてん」

て答えます。

「これからどこ行くねん？」

て尋ねたら、

「○○の村の何某の家や」て答えます。

その何某ちゅうんはいまかて、わりかし離れたとこにある村で立派に暮らしとる豪農ですねん。男が、

「こら孫左衛門も世の末やな」

て思てたら、それからあんまし経たへんうちに、この家の主人とお供の二十数人が、茸の毒にあたって一日のうちにみな死んでしもてん。七歳の女の子が一人だけ生き残ってんけど、年取って子どももおらんまま、最近病気で亡くなったそうです。

【解説】

ここには二種類のザシキワラシが登場します。ひとつめは、家の中のどこかに住みつき、物音や気配はするものの姿は見えません。しかし、この〝神〟がいると、金も地位も思いのままだと言います。ふたつめは二人の少女で、彼女たちが家を出て行くと、その家は没落してしまいます。二種類とも富貴を左右する〝小さな神〟として描かれているのです。

なお、東北地方に伝わるザシキワラシの性格としては、枕返しをはじめとしたいたずらが強調される場合もあります。また、遊んでいる子どもたちの数をかぞえると、実際の人数より一人多く、それがザシキワラシだと言われます。

佐々木喜善は岩手県内で、「ザシキワラシと河童は同じものだ」という証言を採集し、喜善と親交のあった宮沢賢治も、童話「ざしき童子のはなし」（一九二六年）を執筆しました。

山の神

真っ赤な顔で輝く目をした大男の不思議

鉢合わせに、山神も吃驚（びっくり）

八九　山口から柏崎（かしわざき）に行こと思たら、愛宕（あたご）山の裾（すそ）野をめぐるねんけど、田んぼから松林が続いて、柏崎の人家が見えるへんから雑木林になります。

愛宕山の頂には小さい祠（ほこら）があって、林の中の参道の登り口には鳥居が立ってて、二、三十本ほどの杉の古木のそばにはがらんとしたお堂があります。そのお堂の前には「山神」てゆう字を刻んだ石塔が立ってるねんけど、ここは昔から、「山の神」が出るゆう言い伝えがありますねん。

和野（わの）の何某っちゅう若もんが柏崎に用事があって、夕方にお堂のあたりを通ったら、愛宕山の上から、えらい背ぇの高いやつが降りてきよったそうです。

「どこのどいつや」て、林の木ぃ越しに見えるそいつの顔目がけて近寄ったら、道の角でばったり出くわしてしもてん。そしたら思いもせんかったせいやろ、むこうのほうが滅茶苦茶吃驚（びっくり）しとおる。そのこっちを見た顔はえらい赤（あこ）うて、眼ぇもぎらぎらしてて、ほんまにたまげた顔や。

何某は、それが「山の神」やてわかったもんやさかい、後も見んと、柏崎の村まで走り着いたんやて。

○遠野郷には山神塔が多く立っている。その場所は、かつて山神に会ったり、または山神の祟りを受けたところで、神をなだめるために石塔を建てたのである。

鳥御前の災難

九一　遠野の町に、山々のことにえらい詳しい人がいてるねんけど、もともと南部男爵家の鷹匠(たかじょう)してた人で、町の人らは「鳥御前(とりごぜん)」てゆうあだ名で呼んでます。この鳥御前、早池峰(はやちね)とか六角牛(ろっこうし)の木や石がどんな形して、どこにあるんかまでなんでも知ってます。

鳥御前が年取ってから、ひとりの連れと、茸採りに出かけたことがあります。この連れの男は水練の名人で、藁(わら)と槌(つち)持って水の中に入って、草鞋(わらじ)を作って出てくるっちゅう評判でんねん。

この二人が、遠野の町と猿ヶ石(さるがいし)川を隔ててる「向山」ゆう山から、綾織(あやおり)村の「続石(つづきいし)*1」っちゅうけったいな岩の少し上にある山に入りましてん。二人はそのう

*1　古代の墓とも、武蔵坊弁慶が持ち上げて作ったともいわれている巨岩。

ち離れ離れになって、鳥御前だけ山をも少し登っていったら、秋の日が、西の山の端からちょうど四、五間ほど傾いた頃合いになってしもてん。

　そしたら大っきい岩の陰で赤い顔した男と女が、なんか話をしてるとこに出くわしましてん。男と女は鳥御前が近づいてくるのんを見て、手ぇ広げて押し戻すような手つきしててんけど、かまわんで行ったら、女のほうは男の胸にすがるようにしとおる。

　そんなん見てたら、「こらほんまの人間のすることとやあらへん」て思てんけど、鳥御前はひょうきんやさかいに、「ちょっと遊んだろか」て、腰の切刃抜いて、切りかかろとしたんやて。せやけどそのとたん、色の赤い男が足挙げて蹴ってきたと思たら前後不覚になってしもてん。

　連れの男が探しまわったら、鳥御前は谷底で気絶しとおる。介抱して、鳥御前を家まで帰したら、今日の一部始終話して、

「こんなこと、これまでいちどもあらへん。わてはこのせえで死ぬかもしれへんけど、ほかのだれにも言うたらあかんで」

　言うて、三日ほど病んでから、亡くなってしもたんやて。

家のもんは、鳥御前の死にかたがあんまりけったいやから、「ケンコウ院」てゆう山伏に相談したら、

「山の神が遊んでるとこ邪魔したもんやさかい、その祟りで死んだんやろ」

てゆう答えやった。

この人は、伊能先生[*2]なんかとも知り合いで、今から十余年前に起こったことですねん。

山中で子どもの死を告げられる

九三　これは和野(わの)に住んでる菊池菊蔵(きくちきくぞう)っちゅう人の話で、菊蔵の奥さんは笛吹(ふえふき)峠の向こうの橋野(はしの)から来た人なんやそうです。
この奥さんが里へ帰ってるあいだに、糸蔵てゆう五、六歳の男の子が病気になってしもて、菊蔵は昼過ぎから、笛吹峠を越えて奥さんを連れに橋野に向かってたん。

よう知られた六角牛(ろっこうし)の峰続きなもんやさかい、山道は林が深うて、遠野の方か

＊2　伊能嘉矩(かのり)。遠野出身の人類学者で、台湾研究の先駆者。柳田国男、佐々木喜善と親交があった。

ら栗橋の方に下るへんなんか、道が「ウド」○になってて、両側とも崖になってます。

日が傾いて、崖の陰でまわりがぼちぼち薄暗うなったころ、後の方から、

「菊蔵！」

て呼ぶもんがおるから振り返ったら、崖の上から下を覗いてるもんがいてまんねん。顔が赤ぉて、眼ぇが輝いてるんは、前の話の山の神とおんなしです。

「お前の子は、もう死んどるでぇ」

ちゅう言葉を聞いて、菊蔵は恐ろしいより先に「はっ」て思てんけど、声の主はもう見えへん。

ほんで夜のうちに、奥さん連れて急いで帰ってきたら、お子さんはもう死んでしもてたんやて。これはいまから四、五年前の話です。

○「ウド」とは、両側が高く切り込んだ道のこと。東海道の諸国にある「ウタウ坂」「謡坂」などは、すべてこのような小さい切通しのことである。

「河ぷちの家」の娘

一〇七　上郷(かみごう)村を流れてる早瀬(はやせ)川の岸に、「河ぷちのうち」て呼ばれてる家があります。この家の若い娘が、ある日河原に出て石拾っとったら、見たこともない男が来て、木の葉となんかをくれよった。背が高(たこ)うて、顔の赤い男やった。

その日からこの娘は、占いの術使えるようになってんけど、「そのけったいな男は山の神で、娘は山の神の子になったんや」て言われています。

人心を読む術を授けられる

一〇八　ほうぼうに「山の神が乗り移ったんや」とかゆうて占いしてるもんがおるねんけど、附馬牛(つくもうし)村にもいてます。柏崎(かしわざき)の木挽(こび)き*3が本業の孫太郎なんかもその口です。

孫太郎は、以前は気が違(ちご)てて、心を失(な)くしててんけど、ある日山に入って、山の神からその術を教わったんやて。術を使えるようになってからゆうたら、人の

*3　のこぎりで原木を材木にする仕事をする人。

心中を不思議と読めて、びっくりするほどのもんです。

その占いのしかたは、ほかとは全然違て、なんの本も見んと頼みにきた人と世間話して、途中で急に立ち上がって居間の中をあちこち歩き出したかと思たら、その人の顔は見いひんで、心に浮んだまんまを言うんやそうです。せやのに、当たらへんことはまったくないねんて。

たとえばの話、

「お前のうちの板敷を取りはずして、土掘ってみい。そしたら、古い鏡か折れた刀が出てくるはずや。もしそれを取り出さへんかったら、近いうちに死人が出るか、家が焼けるでぇ」

とか言いよるねん。ほんで、家に帰って掘ってみたら、言われたもんが絶対あるねん。こんな話は指で数えても足りひんほどでっせ。

【解説】

八九話の原注に、遠野で多くの山神塔が立っている場所は、「かつて山神に逢いまたは山神の祟りを受けたる場所にて神をなだむるために建てたる石なり」（原文）とあるように、『遠野物語』に登場する山の神は、山や森や木に宿る精霊的（アニミスティック）な存在ではないようです。リアルな身体を備えて、人に似てはいるものの、人とは違う能力をもつ「異人」というべき存在なのでしょう。

山の神のなかには一〇八話のように特殊な能力を身に着けたものもいますが、山で修行する修験者を山の神に見立てたのかもしれません。山中で暮らすこうした異人・山人を、柳田は民俗研究の最初期には重要な課題にしていました。なお題目で「小正月の行事」と重複している一〇二話はそちらに収めました。

神女

言うとおりにしたら財を得、約束を破ると…

黄金があふれ出す石臼

二七 早池峰（はやちね）を源に、東北の方にある宮古の海に入ってく川を「閉伊（へい）川」てゆうて、その流域が「下閉伊（しもへい）郡」になります。

遠野の町なかで、いま「池の端（はた）」ゆうてる家の先代の主人は、宮古に出かけてそっから帰るとき、この川の「原台（はらだい）の淵」らへんで、若い女から手紙を一通託されたんやそうです。

「遠野の町の後に立ってる、物見山の中腹の沼まで行って、手ぇ叩いたら宛名の人が出てくるさかい……」

て女から言われましてん。

この人、引き受けたんはええけど、道みちえらい気になって、道迷てたら一人の六部（ろくぶ）*に会うたんやそうです。そしたら、この手紙を読んだ六部は、

「こんなん持ってったら、あんたの身に災難が降りかかりまっせ。せやから中身書きかえたるわ」

言うて、別の手紙を渡したんやて。

* 六十六回写経した法華経を持ち、六十六箇所の霊場をめぐって一部ずつ奉納して回る行脚僧。

池の端の主人は、それ持って沼まで行って、言われたとおりに手ぇ叩いたら、ほんまに若い女が出てきて、手紙を受け取りましてん。ほんで「お礼や」言うて、めちゃくちゃ小さい石臼をくれたんやそうです。その石臼に米粒一粒入れて回したら、下から黄金がぞくぞく出てきよる。

この宝物のおかげで、その家はまあまあ金持ちになってんけど、その人の嫁さんががめついもんやから、米粒をいっぺんにぎょうさんつかんで入れよってん。そしたら、石臼はえらい勢いで回って、主人が毎朝石臼に供えた水捨てて、小さい水たまりになってたとこに入ってしもて、見えへんようになったんやて。

その水たまりは後から小池になって、いまかて家のそばにあります。その家のことを「池の端」て呼ぶのも、この話のせいやて言います。

○この話に似た物語は西洋にもあるが、偶然であろうか。

秘密を守る約束のお返し

五四　閉伊（へい）川ゆうたら淵がぎょうさんあって、恐ろしい伝説も少ないことおまへん。

この川が小国（おぐに）川と落ち合うとこの近くに、「川井（かわい）」てゆう村があります。その村の長者の奉公人が、ある淵の上にある山で、樹ぃ伐ろとしてたら、斧を水の中に落してしもたんやて。その斧は主人のもんやさかい、奉公人が淵に入って探しとったら、水の底にいくほど物音が聞こえてきよる。ほんで、音のするほうに行ったら、岩の陰に家がありますねん。

その家の奥のほう見たら、べっぴんさんが機（はた）織りしてて、斧が機織り台に立てかけたある。「こら返してもらわな」て思て振りむいた女の顔見たら、二、三年前に亡くなった主人の娘さんやないかいな。娘さんは奉公人に、

「斧は返したるさかい、じぶんがここにおったこと、人に言うたらあかんで。この約束守てくれたらお礼に、あんたの身分が良うなって、奉公せんでもええようにしたるから」

て言いまんねん。

そのせえかなんか知らんけど、奉公人はその後、「胴引（どうびき）」とかゆう博奕（ばくち）におかしいぐらい勝ち続けて、お金がたまったもんやから、ちょっとしたら奉公やめて、

中ぐらいの百姓になったんやそうです。

そしたらこの男、女が言うたことをとっとと忘れて、気にも止めへんようになってん。せやけどある日、あの淵のあたりを過ぎて町へ行くとき、前のことを思い出して、連れのもんに、

「前にこんなことがあってん……」

てしゃべったもんやさかい、近郷近在に噂が広まってしもたんやて。そしたら、その頃から男の家は傾いてしもて、また昔の主人に奉公して年月が経ちましてん。

その家の主人ゆうたら、何を思ったんか知らんけど、その淵にえらい量の熱湯注ぎ入れてんけど、なんも変わらへんかったんやて言います。

○下閉伊（しもへい）郡川井村大字川井。「川井」はもちろん「川合」の意味である。

【解説】

約束を果たしたおかげで財産を手にする報恩・致富譚二篇で、富をもたらしたのはいずれも神秘的な女性です。二七話では川淵にいた女が、沼にいる女に手紙を送ろうとします。五四話では川の淵の中にいた女が、昔の知り合いと出会います。柳田はこうした不可思議な女性をめぐる話を「神女」という題目に収めたのでした。

二七話の原注に「この話に似たる物語西洋にもあり、偶合にや」（原文）とありますが、イギリスには黄金を生む卵の話、また世界の各地に託された手紙を書き換える話が伝わっています。

なお二七話に登場する「池の端」の家、池端家は現在も継がれていて、敷地内に石臼大明神が祀られています。

天狗

山の中で出くわしたら、ただでは帰れぬ

天狗が住む山に登る賭け

二九　「鶏頭山」てゆう山は、早池峰の前にあるえらい険しい山で、麓の里のもんは「前薬師」ゆうふうにも呼んでます。「天狗が住んでる」て言われてるもんやさかい、早池峰に登るもんでもこの山には絶対登らしません。

山口の「ハネト」てゆう家の主人は、佐々木くんのお祖父さんと竹馬の友やねんけど、むちゃくちゃな無法者で、まさかりで草刈ったり、鎌で土掘ったり、若いころは乱暴ばっかりしとりました。

あるときその主人が、「一人で前薬師に登ったる」て、賭けをしたんやそうです。

主人が山から帰ってから話すには、山のてっぺんの大っきい岩の上に、大男が三人もおって、金銀をぎょうさん広げとったんやて。大男らはちょっと近づいたらいらつきよって、その振り向いた眼光のこわいこと、こわいこと。

「早池峰に登ろと思たら、道に迷って、ここまで来てしもたんですわぁ……」

て主人が言うたら、

「ほんだら送ったる」

言うて先に進みよる。ほんで、麓のへんまで来たら、
「目ぇふさげ」
て言うもんやさかい、しばらくそこに立ってたら、大男らは「あっ」ちゅうまに見えへんようになってしもたんやて。

鉄砲打ちの奇妙な体験

六二　またおんなし人[*1]が、ある夜山の中で、小屋を作ってる暇がないもんやさかい、大木の下に寄りかかって、魔除けの「サンズ縄[*2]」をじぶんと木の周りに三重にめぐらせて、鉄砲を縦に抱いて眠りかけてたんやそうです。

夜遅うにヘンな物音するのに気ぃついたら、坊さんのかっこしたえらいでかいもんが、赤い衣を羽根みたいにはばたかせて、木の梢におおいかぶさりよってん。

「ほなっ」て鉄砲打ったら、また羽根はばたかせて、空飛んで帰りよってんけど、そのときの怖いことゆうたら、尋常やおまへん。

おんなしようなけったいなことに三度も遭うて、そのたんびに「もう、鉄砲打

＊1　三話、六〇話、六一話に登場する栃内村和野の佐々木嘉兵衛。
＊2　猟師が山に入るときに携えていく縄。三途縄。

ちは止めとこ」て心に誓て、氏神様に願掛けするねんけど、また思い直して、

「結局年取るまで、猟師の仕事やめられへんかったわ」

て、人によう話しとりました。

力自慢ゆえの惨劇

九〇 松崎村に「天狗森[*3]」ゆう山があります。

その山の麓の桑畑で、村の若もんでなんちゃらゆうやつが仕事してたら、えらい眠とうなってきたんやそうです。ほんで、畠の畔に腰掛けてちょっとのあいだ居眠りしよと思てたら、顔が真っ赤で、めちゃくちゃな大男が現れよってん。

その若もんはわりかし気軽な性分で、ふだんは相撲好きの男やってん。せやさかい、見馴れん大男が邪魔しよるし、上から見下ろしよるから腹立てて、知らんうちに立ちあがって、

「お前、どっから来てん？」

て聞いてんけど、なんも答えよらへん。

＊3　松崎町にある「天ヶ森」という山だとされている。

そんなんやから、「ちょっと突き飛ばしたろか」と思て、ふだんの力自慢で飛びかかって手ぇ掛けたら、じぶんのほうが突き飛ばされて、気ぃ失のうてしもたんやて。

夕方になって正気に戻ってんけど、その大男はもちろんもうおらへん。ほんで家に帰ってから人に、この話をしてん。

その年の秋、早池峰の麓らへんに、村のもん大勢と馬曳いて萩刈りに行って、「ほな帰ろか」ゆうとき、その男の姿が見えへん。びっくりしてみなで探したら、深い谷の奥で、手も足も抜き取られて、死んでしもてたんやそうです。

いまから二、三十年前のことやから、このときのことをよう知ってるお年寄りはいまもいてます。

天狗森に天狗がぎょうさんいてるのは、昔からよう知られてることやねん。

【解説】

遠野には鶏頭山（けいとうざん）や天ヶ森（あまがもり）など、天狗が住むと恐れられた山がありました。遠野の人々は故人や、知人が天狗に遭遇した体験談から天狗の実在を固く強く信じていたのです。

日本の天狗には修験道の修行者＝山伏の姿が色濃く投影しています。かつての人々は天狗の姿を、赤ら顔で鼻が高く、眼光鋭く、鳥のような嘴を持つ、あるいは山伏姿で羽根をつけ、羽団扇（はうちわ）を持っていて自由に空を飛ぶといった姿をイメージしていました。

人が突然いなくなる「神隠し」でも、天狗にさらわれたという事例が近世以後は多くなります。国学者の平田篤胤（あつたね）は『仙境異聞』で、天狗にさらわれた仙童寅吉が、空中を飛んだり、異世界を見てきたりした経験を記録しました。

山男

娘をさらったり、焼け石を食わされたりする異人

さらわれた糠前(ぬかのまえ)長者の愛娘

六　遠野では豪農のことを、いまかて「長者」て言います。青笹(あおざさ)村大字糠前(ぬかのまえ)〇の長者の娘さんが、突然あるもんにさらわれてから、もう長いことなるねんけど、おんなし村の何某っちゅう猟師がある日、山に入ったら一人の女に出くわしましてん。

あんまし怖あて、女のこと撃ととしたら、

「なんやねん、おっちゃんやんか。撃たんといてぇな」

て言います。

びっくりしてよう見たら、糠前の長者の愛娘(まなむすめ)でんがな。

「なんでこんなとこにおるねん」

て尋(たん)ねたら、

「あるもんにさらわれて、いまはその嫁さんになってんねん。子どもかて何人も生んでんけど、ぜんぶ夫が食べてしもて、こんなふうに一人きりや。じぶんはもう、ここで一生を終えるつもりやから、このこと人に言うたらあかんで。あんたかて、危いからとっとと帰ったほうがええで」

言うて、娘さんがいまどこにいてるのかたしかめんと、里まで逃げ帰ったんやそうです。

○「糠の前」は「糠の森」の前にある村で、「糠の森」は諸国にある「糠塚」と同じ。遠野郷にも「糠森」や「糠塚」が多くある。

子どもをどこかに連れ去る怪物

七　上郷(かみごう)村のある民家の娘さんが、栗拾いに山に入ったまんま帰ってけえへんてゆうことがありました。家族のもんは、もう死んでしもたと思て、娘さんがしてた枕を形代(かたしろ)*1にお葬式もあげて、もう二、三年は過ぎよった。
そないならうちにその村の猟師が、五葉山(ごようざん)*2の中腹らへんに入ったとき、大(お)っきい岩がかぶさって岩窟みたいになってるとこで、思いもよらんことにその娘さんに会いましてん。

お互いにえらいびっくりして、猟師のほうが、

*1　祭りのときなどに、霊の代わりとして置くもの。また霊がよりつく依り代。
*2　岩手県住田町、釜石市、大船渡市にまたがる標高一三五一メートルの山。

「なんでこんな山の中におるねん？」

て尋ねたら、娘さんは、

「山に入ったら恐ろしい人にさらわれて、こんなとこに来てしもてん。なんども逃げよとしてんけど、ぜんぜん隙があらへんかってん」

て言います。

「そいつはどんなやっちゃ？」

て聞いたら、

「じぶんにはふつうの人間みたいに見えるけど、背丈がめちゃくちゃ高うて、眼の色はちょっと怖いかもしれへん。子どもかて何人も生んでんけど、『じぶんに似てへんから、じぶんの子とちゃう』言うて、食べるのんか殺すのんか知らんけど、みんなどっかへ連れ去ってしもたわ」

て言いまんねん。

「そんなもん、わしらとおんなし人間やあらへんやろ」

て尋ね返したら、

「着てるもんとか世間と変わらへんけど、やっぱし眼の色がちょっとちゃうかもしれへん。一市間(ひといちあい)○に一ぺんか二へん、おんなしような人らが四、五人集まってきて、なんか知らん話して、そのうちどっかへ行ってしまうねん。食べ物かて外から持ってきよるさかい、町に出るんとちゃうやろか。こんなこと言うてるうちに、いまここに帰って来るかも知れへん……」

て言うから、猟師も怖なって、

「もうええから帰らせて」

て言うたんやそうです。

この話は、今から二十年ほど前のことやと思われます。

○「一市間」は遠野の町の「市の日」と、「次の市」の日の間のこと。月に六度、市があるので、「一市間」はつまり五日のことである。

笛の名人が聞いた声

九　菊池弥之助(きくちやのすけ)てゆう年寄りは、まだ若いころ、駄賃(だちん)仕事[*3]をしてました。笛の名人で、馬を夜通し追ってくときなんか、よう笛を吹きながら行ったんやそうです。

*3　馬の背中に人や荷物を乗せて運ぶ仕事。

あるうっすらした月夜に弥之助は、おおぜいの仲間と一緒に、浜の方へ越えてく境木峠を通ったことがあります。そのときかて笛吹きながら、「大谷地(おおやち)○」ゆうとこの上らへんを過ぎましてん。そこは谷が深うて、白樺の林が繁ってて、その下には葦(あし)なんかが生えてる湿った沢です。

このとき、谷の底からなにもんかわからんけど、高い声で、

「おもろいぞー」

て呼ぶもんがいてます。

一行は、みな色失って、走って逃げたんやて。

○「ヤチ」はアイヌ語で湿地の意味で、内地（東北以南の日本を指す）にも多くの地名がある。また「ヤツ」とも「ヤト」とも「ヤ」ともいう。

餅だと信じて坊主が食べたのは

二八 早池峰(はやちね)に最初に山道を通したんは、附馬牛(つくもうし)村の何某っちゅう猟師で、遠野の南部(なんぶ)家が入部した後のことです。その頃までは土地の人でも、だれひとりこの

山に入ったもんはいてへんて言われてました。

この猟師が半分ほど道開いて、山の中腹に仮小屋こしらえてたある日、炉（ろ）の上に餅並べて焼きながら食っててん。そしたら、小屋の外を通りかかったもんが、やたらと中をうかがってるみたいやさかいよう見たら、えらい大っきい坊主や。

その坊主は小屋の中に入ってきて、餅が焼けるんを珍しそうに見ててんけど、こらえ切れんと手ぇさし出して、餅を食いよるねん。猟師かて怖いもんやさかい餅取ったげたら、坊主は嬉しそうにしてどんどん食いよる。ほんで餅がぜんぶなくなったら、やっと帰りよった。

猟師は、次の日もまた来るかもしれへん思て、餅によう似た白い石を、二つ三つ餅に混ぜて炉の上にのせといたら、石は焼けて火ぃみたいや。

そしたら案の定、坊主がやってきて、昨日みたいに餅取って食いよる。餅がなくなって、その白い石もおんなしように口に入れたら、めちゃくちゃびっくりして、小屋を飛び出して姿が見えへんようになってしもた。

その後この坊主が、谷底で死んでんのんを見たんもんがいたんやて。

○北上川の中古の大洪水に「白髪水」というがあり、白髪の老女をあざむいて、餅に似た焼け石を食わせた祟りだといわれるが、この話によく似ている。

高いびきをかく大男

三〇　小国村（おぐに）○1の何某っちゅう男がある日、早池峰（はやちね）に竹伐りに行ったら、地竹（じだけ）○2がよう茂ったとこに、大男が一人で寝てるのんを見ましてん。地竹で編んだ三尺ぐらいもある草履を脱いで、仰向けで、大っきいいびきをかいとったて言います。

○1　下閉伊（しもへい）郡小国村大字小国。
○2　地竹は深山に生える低い竹のこと。

女の子が狙われやすい

三一　遠野の里に住んでる子どもが、異人にさらわれて行ってしまうのは毎年しょっちゅうなことでした。子どものなかでも女の子のほうが、ようけさらわれたんやそうです。

風呂敷を背負って、急ぎ足で

九二　昨年のことです。土淵(つちぶち)村の里の子どもが、十四、五人で早池峰(はやちね)に遊びに行ったとき、知らんうちに夕方近(ち)こうになったもんやから、急いで山下って麓(ふもと)近くまできたら、背高い男が急ぎ足で登ってくるのに出くわしましてん。

男は色が黒うて、眼ぇがきらきらしてて、肩には麻でこしらえたらしい、古い浅葱(あさぎ)色の風呂敷包を背負ってます。そらもう、ほんまに怖かってんけど、ひとりの子ぉが、

「どこ行くのん？」

て声掛けたら、

「小国(おぐに)に行くねん」

て答えよる。

せやけど、この道は小国に越える方角とちゃうし、立ち止まってあやしんでたら、行き過ぎたと思うまもなく、見えへんようになってしもてん。

「あれは山男やで！」

て、みな口々に叫んで、そっから逃げ帰ったんやて。

【解説】

この題目に収められている話の多くは、子どもや女性が突然行方不明になる「神隠し」と呼ばれる現象です。かつては神隠しがあると鉦（かね）や太鼓を叩いて名前を呼び、捜し歩いたものだと言います。

その原因は、天狗や狐、鬼や隠し神などに隠されたものと信じられてきましたが、遠野では山男にさらわれることが多かったようです。神隠しには永遠に帰らない場合と山中で発見される場合があり、古来、異界と交渉する手段のひとつだと思われてきました。

二八話で描かれた「白髪水」は、北上川流域を繰り返し襲ってきた氾濫災害伝承としてよく知られるものです。なお題目「地勢」と重複する五話はそちらに収めました。

山女
長い髪を垂らした美女の正体は

証拠に切った黒髪

三　山々の奥には、山人が住んでます。

栃内（とちない）村和野（わの）の佐々木嘉兵衛（かへえ）てゆう、いまかて七十歳余りで生きとるおじいさんが、まだ若かったころ猟をしに山奥に入ったら、遠くの岩の上でべっぴんさんが長い黒髪を鋤（す）いてましてん。女は顔も色白でしたわ。

怖いもの知らずの嘉兵衛は、鉄砲構えたと思たらすぐ撃ちよって、女は弾にあたって倒れてしもてん。駆けつけたら背の高い女で、ほどけた黒髪はその背丈より長いほどや。

証拠にと思て、女の髪の毛をちょん切って、束ねて懐に入れて家路につきましてん。せやけど道の途中で、我慢できひんぐらい眠気を催したもんやさかい、しばらく物蔭でうつらうつらしとってん。

そのあいだの夢と現（うつつ）の境みたいなとき、やっぱし背の高い男が近よってきて、懐に手ぇ入れて、束ねた黒髪を取り返して去っていきよる。て思てたら、眠りから覚めたんやそうです。その男は、山男に間違いおまへん。

○土淵村大字栃内。

粗末な着物で赤子を背負う

四　山口村の吉兵衛てゆう家の主人が、根子立てゆう山に入って、刈った笹束にして担いで立ちあがろとしたら、笹原の上を妙な風が吹き渡りよってん。気になって見たら奥の林の中から、赤子を負ぶった若い女が、笹原の上を歩いてこっちに来まんねん。えらい艶っぽい女で、やっぱし長い黒髪を垂らしとる。せやけど、赤子を結わえつけた紐は藤蔓やし、着物はようある縞物やねんけど、裾のあたりがぼろぼろに破れとって、いろんな木の葉をあてて縫ったもんや。そもそも女の足が、地面に着いてるように思われへん。女のほうは気にせんと、こっちのほうに近よってきて、男のすぐ前通ってどっかに行き過ぎてしまいよった。

この人、そのときの怖ろしさのせいで具合が悪なって、長いことわずらっててんけど、最近になって亡くなりはったんやて。

○土淵村大字山口。吉兵衛は代々の通称で、この主人もまた吉兵衛という。

小屋をのぞく謎の女

三四　白望山（しろみ）*1の山続きに離森（はなれもり）ゆうとこがあって、その小字の長者屋敷っちゅうとこにはぜんぜん人が住んでまへん。
　せやけど、こんなとこで炭焼きするもんもおるねんけど、ある夜炭焼してたら、小屋の垂菰（たれこも）*2をあげて、だれかが中をうかがいよんねん。そしたらやっぱし、髪の毛二つに分けて、長う（なご）垂らした女やってん。このへんで深夜に、女の叫び声を聞いたりするんは、べつに珍しいことやないんやて。

*1　遠野盆地の北東、宮古にそびえる白見山。

*2　戸口に垂らしたマコモや藁で織ったむしろ。

空を走るように駆ける女

三五　佐々木くんのお祖父さんの弟が、白望山（しろみ）に茸採りに行って野宿した夜のこと、谷向こうの大っきい森の前横ぎって、女が走って行くのが見えてんけど、まるで中空（そら）を走るみたいな感じやってんて。ほんで、
「待ってんかぁ、待ってんかぁ」

て、二声ぐらい呼ぶ声を聞いたんやて。

長者屋敷への出没

七五 数年前まで離森の長者屋敷には、マッチの軸木(じくぎ)の工場がありましてん。その工場の小屋の戸口に、夜になったら女がやってきて、人見て「ゲタゲタ」笑うもんやから、「こんな淋しいとこは我慢できひん」て、大字山口に工場を移しましたんやて。

その後、またおんなし山の中で、枕木伐(か)り出すのに小屋掛けするもんがおってんけど、夕方なったら人夫がどっかへ迷いこんで、帰ってきたかてぼーっとしとんねん。そんな人夫が四、五人もいてて、その後もしょっちゅう、どっかへ迷い出ていったんやそうです。

この人らが後で話すのを聞いたら、やってきた女にどっかへ連れ出されて、帰ってきてから二日も三日も、なんもおぼえてへんのやて。

【解説】

山深くに住む山女は、山姥・山姫・山女郎・山姥などとも言い、この題目に収められた話のように長い髪をもち、肌が白いといった特徴があります。また山女に出会ったものの多くは、病気などの災厄を受けるなどと言われています。

東北地方で起こる神隠しでは、女性の場合、山男に連れ去られその女房になったという言い伝えが少なくありません。女性が神隠しに遭いやすいのは、産後の肥立ちが悪いなど、精神的に不安定な時期が多いなどと言われてきました。

姥神

異能をもった女性たち

今も生きている貞任の母

六五　早池峰は御影石でできた山で、この山の小国に向いたほうに、安倍ヶ城[*1]てゆう岩屋があります。険しい崖の中ほどにあるさかい、人がどないかしてでも行けるようなとこやありません。しかもここにはいまかて、安倍貞任[*2]のお母さんが住んでるてゆう言い伝えがあります。

雨降りの夕方なんかには、岩屋の扉を閉める音が聞こえるゆうて、小国とか附馬牛の人らは、

「安倍ヶ城の錠前の音したら、明日は雨やで」

とか言うてます。

*1　早池峰山の南東にある巨岩。

*2　平安時代中期の陸奥の豪族。頼時の子。厨川次郎ともいう。前九年の役で源頼義・義家父子と戦い、敗死した。

「隠し念仏」の信者

七一　おひでおばあさん[*3]は、熱心な念仏者やねんけど、世間の念仏者とはだいぶ違て、ちょっと邪宗みたいな信仰をもってます。

*3　六九話、七〇話のオシラサマ、オクナイサマの話をした老女。

信者にその道を伝えることはあるねんけど、信者同士では秘密をきつう守って、作法かて親にも子にも、ちょっとでも知らせるようなことはあらしません。お寺やお坊さんともぜんぜんかかわらへんし、在家のもんだけの集まりで、人数もあんましいてません。辷石(はねいし)たにえてゆうご婦人かて、その仲間です。

阿弥陀仏の斎日(さいにち)*4なったら、夜中に人が寝静まるのを待って集まって、隠したある部屋で祈祷します。魔法やまじないを使いこなすもんやさかい、おんなし村の人からは権威みたいに思われとります。

*4　毎月十五日。

【解説】

七一話で描かれる隠し念仏は、現在の岩手県を中心に青森県から福島県の一部にまで広がった秘密性を重んじた念仏集団です。江戸時代に広く行われ、西の隠れキリシタンに対して、東の隠し念仏といわれたほどでした。伝統的な浄土真宗の信仰を起源としますが、世俗化した本山の本願寺を嫌い、直接的に親鸞(しんらん)の教えに従おうという信仰だったようです。

雪女

冬の満月の夜には気をつけて

雪女が遊ぶ日

一〇三　小正月*の夜とか小正月とちごても、冬の満月の夜には、雪女が出てきて遊ぶんやて言われてます。雪女は、子どもをぎょうさん連れてくるんやとも言います。

里の子のなかには、冬は近くの丘に行って、橇(そり)遊びがおもしろうて、帰ってくるのが夜になることがあります。そないなときでも、正月十五日の夜だけは、

「雪女が出るさかい、早よ帰ってくるんやで」

て、きつうに念押しされます。

せやけど、雪女を見たちゅうもんは、あんまりいてません。

* 一月十五日。

【解説】

雪女にかんする伝承は日本列島の各地にあり、地域によって「雪おんば」、「雪女郎」などとも呼ばれています。

青森県の西津軽地方では元旦に現れ、最初の卯の日に帰っていくという言い伝えがあり、また山姥や一本足の子どもの姿で現れるというところもあり、こうした伝承から雪女には、歳神や山の神の性格がみられます。

遠野でも小正月や満月が雪を照らす夜、多くの子ども連れてやってくると伝えられていますが、雪女の出現は珍しかったらしく、その姿を確認したものは少なかったようです。

川童

遠野の河童は体が赤く、女を身ごもらせる

川べりの家では嫁が寝取られる

五五　川にはぎょうさん河童がいてて、猿ヶ石(さるがいし)川にはほんまに多い。

松崎(まつざき)村の川べりの家では、二代も続けて河童の子を孕んだそうです。生まれた子は切り刻んで、一升樽(ます)に入れて土の中に埋めてんけど、そらもう気色の悪い姿してたんやて。

河童を生んだ女の婿さんの里は、新張(にいはり)村の何某ゆうて、ここかて川べりの家です。そこのご主人が、そのときのようすを一部始終しゃべらはりました。

その家のもんが、ある日みな畠に行って、夕方なって帰ろと思たら、女が川の水際にしゃがんで、「ニコニコ」笑とります。あくる日の昼の休みにも、おんなしことがあって、そないなことがいく日もあるうちに、女のとこへ村の何某が、夜な夜な通うてきとるてゆう噂が立ちましてん。

はじめのうちは、婿さんが浜の方へ駄賃附(だちんづけ)*1に出かけた留守ねろて来ててんけど、しまいには婿さんと寝てる夜かて来るようになりよった。

「あれは、河童やで」

*1　馬の背中に貨物や人を乗せて輸送に従事する仕事。

っちゅう評判が高(たこ)なってきたもんやさかい、一族が集まって女を守ろとしてんけどないもできひん。婿さんのお母(か)んが女のそばで寝てみたんやけど、夜中に女が笑う声聞いて、

「ほんまに来よったでぇ……」

て思たかて、体が動かへんからどうしょうもあらへん。

お産はえらい難儀やってんけど、あるもんが、

「まぐさ桶に水張って、そのなかで産ませたらええ」

てゆうもんやから、そないしたらあんじょう産まれてんけど、そのお子は手ぇに水掻きがおました。

この女のお母んかて、河童の子を産んだことがあるもんやさかいに、「二代や三代の因縁とちゃう」てゆうもんもいてました。この家はほんまのええしで、なんとかてゆう士族で村会議員をしてたこともあります。

捨てた河童を拾いに行けば

五六　上郷（かみごう）村の何某の家でも、河童らしいもんの子どもが産まれたことがあります。

たしかな証拠はあらへんけど、体じゅうが真っ赤で口が大っきい、ほんまにいやな感じの子やったそうです。あんまり忌わしいさかい、「捨ててまお」と思て道ちがえ○に持ってって、そこに置いて一間ほど離れてみてんけど、「やっぱし惜しいかもしれへん。どっかに売って見せ物にしたら、金になるんとちゃうやろか」て思い直してん。ほんでそこまで戻っててんけど、だれかにとっくに隠されて、見つからへんかったんやて。

○道ちがえは道の二つに分かれるところ。つまり追分（おいわけ）なり。

河童の足跡

五七　川岸の砂の上に、河童の足跡見かけるんは、べつに珍しいことやなくて、雨の日の翌日とかには、そうゆうことがようあります。

猿の足とおんなしで親指は離れてて、人間の手の跡によう似てます。長さは三寸足らずで、指先の跡は人間みたいにはっきりは見えへんのやて言います。

姥子淵の河童の約束

五八　小烏瀬川の姥子淵のへんに、「新屋の家」てゆう家があります。

ある日、川の淵に馬冷やしに行った馬曳の子が、外に遊びに行っているまに河童が出てきて、馬を引き込もとしとおる。せやけど河童は馬に引きずられて、馬屋の前まで来てしもたから、馬槽＊2に隠れよった。家のもんは馬槽が伏せたあるから怪しいと思て、ちょっとだけ開けたら、河童の手が見えてんねん。

村じゅうのもんが集まってきて、「殺してしまおか」、「許したろか」て相談してんけど、結局「これからは村の馬に悪戯せえへん」て約束結んで、河童を放り出したってん。その河童はいま、その村を去んで、相沢の滝の淵に住んどおるそうです。

○この話など、全国に類型のものがかなりある。河童がいると主張している地方には、必ずこの話がある。

＊2　馬の飼料を入れる桶。飼い葉桶。

なぜだろうか。

真っ赤な顔した男の子

五九　ほかのとこでは、「河童の顔は青い」てゆうみたいやけど、遠野の河童は「顔が赤い」て決まってまんねん。

佐々木くんの曾祖母(ひぃばぁ)さんがまだ小っさかったころ、友だちと庭で遊んでたら、三本ほどある胡桃(くるみ)の木のあいだから、真っ赤な顔した男の子の顔が見えたんやて。これは河童やったにまちがいおまへん。

この胡桃の大木はいまも生えてて、この家の屋敷の周りはぜんぶ胡桃の木ぃです。

【解説】

河童（川童）は日本各地の川や池などに住み、川太郎・ガタロ・エンコウ・ヒョウスベ・メドチ・スイジン・スイコなどと呼ぶところもあります。特徴は子どもの姿で、頭の上に皿があり、髪の形はおかっぱ頭、背中には甲羅、手には水掻きといったものです。

相撲を好み、田畑を荒したり、水の中に馬を引き入れたりするかと思えば、田植えや草取りを手伝ったり、毎日魚を届けたりする河童もいます。

しかし遠野の河童は、女性の寝床に入り、子どもを身ごもらせるなど、多くの人が思い描く河童とはイメージがかけ離れています。しかも生まれてきた子どもは赤く、醜く、殺したり捨てられたりするのです。こうした河童像は、遠野地方をたびたび襲った飢饉により、子どもを死に至らしめざるを得なかった過酷な歴史が背景にあるのかもしれません。

不思議な
動物編

猿の経立

猿の経立(ふったち)

年取った猿は化け物になって人をおどかす

炭焼き小屋をのぞく不審者

四四　六角牛山（ろっこうし）の峰続きに橋野（はしの）っちゅう村があって、その上の山に金坑がありまする。

ここの鉱山に使う炭を焼いて、生計立ててるもんのなかに、笛がえらい上手な人がいてます。その人がある日の昼の間、小屋で仰向けに寝転んで笛吹いてたら、小屋の入り口に掛けたある垂菰（たれこも）をめくるやつがいてまんねん。びっくりしてそっち見たら、猿の経立（ふったち）*1や。

あんまし怖（こわ）あて起きあがったら、猿の経立は向こうにゆっくり走っていきよった。

○上閉伊（かみへい）郡栗橋村大字橋野。

*1　動物が年齢を重ねて妖怪化したもの。

頑丈な毛並みで女をさらう

四五　猿の経立は人にえらい似てきて、里の女をなんべんも連れ去るようになります。

経立は毛に松脂(まつやに)塗ったくって、その上に砂をつけとるもんやさかい、毛皮は鎧(よろい)みたいで鉄砲の弾も通らへん。

鹿笛をほんとの鹿だと勘違い

四六　栃内(とちない)村の林崎に住んでる、いまは五十近い何某っちゅう男が、十年ほど前、六角牛(ろっこうし)に鹿撃ちに行ってオキ○吹いてたら、猿の経立に出くわしたんやそうです。

猿はオキの音をほんまの鹿やと思たみたいで、地竹(じだけ)を手ぇでかきわけながら、大(お)っきい口開けて、峰の方から下りてきよる。何某は胆潰れるぐらいびっくりして、笛吹くのんやめたら、経立はそのうち道反(そ)れて、谷の方へと走っていきよった。

○鹿笛のこと。

山から経立が降りてくる

四七　遠野で子どもをおどしたろと思たら、
「六角牛（ろっこうし）から猿の経立が来るでぇ」

って言うのがふつうなぐらい、ここの山には猿がぎょうさんいてます。

緒桛（おがせ）の滝[*2]見に行ったら、崖の木の梢にもいっぱいおって、人見たら逃げながら、木の実なんかを投げつけてきよんねん。

＊2　笛吹峠の近くにある滝。

峠で待ち受けるいたずらもの

四八　仙人峠[*3]にも猿がぎょうさんおって、峠を通るもんにいたずらしたり、石ぶつけたりしよる。

＊3　遠野と釜石の境の山中にある峠。

【解説】

ふたつの題目、「猿の経立（ふったち）」と「猿」（四七話）をひとつにしました。

経立は、動物が驚くほど長い年齢を取り、妖しい力が使えるようになったものを言います。猿の経立のほか、犬の経立、雄鶏の経立などさまざまな経立がいて、青森県の野辺地（のへじ）あたりでは経立のことを「へぇさん」と言い、愛知県の北設楽（きたしたら）郡では年を経た狐や山犬、猿のことを「フッコ」と呼ぶそうです。岩手県の下閉伊（しもへい）郡安家村では、雌鶏の経立が、卵を食べる人間を怨み、子どもを取り殺したと言います。

遠野に現れる猿の経立は、人間の女をさらう点で、山男や天狗のような山界の異人と共通しています。

狼（おいぬ）

鹿や馬を喰い破る山の猛獣

恐ろしいことこのうえない、御犬のうなり声

三六　「猿の経立」、「御犬の経立」ちゅうんは、ほんまに恐ろしいもんやねん。
狼のことを「御犬」て言うねんけど、山口村の近くの二ツ石山っちゅう岩山があって、ある雨の日、小学校帰りの子どもがこの山見とったら、そちらこちらの岩の上に御犬がうずくまってるねん。御犬はそのうち、下から上に首押しあげて、かわるがわるに吠え始めよる。

正面から見た御犬は、生まれたばっかしの馬の子ぐらいの大っきさに見えるけど、後から見たら意外と小っさい。そんな御犬のうなり声ぐらい、ごっつう恐ろしいもんはこの世におまへん。

焚火を遠巻きにする大群

三七　昔、境木峠と和山峠のあいだらへんで駄賃馬*1追うもんは、しょっちゅう狼にでくわしましてん。馬方は、夜出かけなあかんときには、たいてい十人ぐら

*1　荷物を運んで賃料を得る馬。

いで集まることにしてて、一人が牽(ひ)く馬は一端綱(ひとはづな)に五、六、七匹やとして、たいがい四、五十匹になります。

あるとき、二、三百頭ちゅう大勢の狼が追ってきてんけど、その足音ゆうたら、山が騒いどるんかと思うぐらいやった。あんまし怖いもんやさかい、馬も人も一か所に集まって、周りに火ぃ焚いて防ごうとしましてん。

せやけど狼は、火ぃ乗り越えて入ってきよるから、しまいに馬の綱ほどいて張りめぐらしたったら、落とし穴やと思たみたいで、そっから中には入ってけえへん。それから狼は、火を遠巻きにして、夜明けまでずっと吠えとったんやて。

馬を食い殺された旧家のその後

三八　小友(おとも)村の旧家の主人で、いまかて生きる某爺(なにがしじい)っちゅう人が、町からの帰り道に、御犬がやたらと吠えるのんを聞いたんやて。せやけど、某爺は酔っぱらってたさかいに鳴き声真似たら、狼が吠えながらついてきよってん。
あんまし怖いから家まで急いで戻って、門の戸を固(かと)うに閉じて、物音たてへんようにしててんけど、夜通し家のまわりで、狼が吠える声がやましまへん。

夜が明けてから見たら、狼は馬屋の土台の下掘り起こして、中まで入って七頭おった馬をぜんぶ食い殺してしもててん。この爺さんの家はそれから、身代（しんだい）が傾いたんやそうです。

鹿の皮を欲しかったのに

三九　佐々木くんがまだおぼこかったころ、お祖父さんと二人で山から帰ったら、村に近い谷川の岸の上に、大っきい鹿が倒れてるのを見ましてん。その鹿は横っ腹が破れてしもてて、殺されてからまだ間がないんか、そっからまだ湯気が立ってます。
お祖父さんが、

「こら狼が食べよったんや」

て言うし、鹿の皮は欲しかってんけど、御犬は絶対どっか近いとこに隠れて見てるに決まってるさかい、持って帰らへんかったんやて。

毛の色を変える狼

四〇　狼は、草の丈が三寸もあったら、からだを隠せるんやて。季節ごとに草や木の色が変わったら、狼の毛色もそれに合わせて変ってくもんやねん。

何百頭とも知れぬ、狼の群れ

四一　ある年、和野に住む佐々木嘉兵衛（かへえ）が、境木越（さかいげごえ）の大谷地（おおやち）に狩りにゆきましてん。大谷地ゆうたら、死助（しすけ）＊2の方から続いている野っ原で、もう秋の暮れやったさかい、木の葉は散ってしもてて、山肌もあらわやったそうです。

そしたら向こうの峰から、何百頭かわからんぐらいの狼の群れが、こっちに向かって走ってきよってん。怖ぁてたまらんさかいに木の梢に登ったら、木の下をにぎやかな足音たてて、北の方に走りすぎていきよった。

そないなことがあってから、遠野の狼はえろう少なくなったて言います。

＊2　三二話（125頁）参照。

力自慢の男、狼と戦う

四二　六角牛（ろっこうし）の麓（ふもと）に、「オバヤ」とか「板小屋」ゆう広々した萱山（かややま）があって、村々からみな萱を刈りに行きます。

ある年の秋、飯豊（いいで）村のもんが萱刈りに入ったら、岩穴の中に狼の子を三匹見つけて、そのうちの二匹殺して一匹を持ち帰ったら、その日から狼が飯豊の馬襲うのをやめへんようになってしもてん。せやけど、ほかの村の人や馬にはなんの悪さもしよらへん。

飯豊のもんは相談して、狼狩り決めてんけど、そのなかに相撲が強うて、ふだんから力自慢の男がおりましてん。

それでみなで野に出たら、オスの狼は遠くにおって近寄ってけえへんねんけど、メスの狼が一匹、その「鉄」ゆう男に飛びかかっていきよってん。鉄がワッポロ脱いで、腕に巻いて、狼の口の中に突っ込んだら、噛みかえしてきよる。もっときつうに腕突っ込んで人呼んでんけど、だあれも怖あて寄ってけえへん。

そんなことしてるまに、鉄の腕は狼の腹まで入ってしもて、狼かて苦しまぎれに鉄の腕の骨噛み砕きよってん。狼はそのまま死んでしもてんけど、鉄も担がれていって、帰ってまなしに死んだんやそうです。

○上羽織のこと。

【解説】

日本語のオオカミの語源は「大神(おおかみ)」だとも言われ、日本列島には古くから狼信仰があります。秩父の三峯(みつみね)神社や奥多摩の武蔵御嶽神社ではオオカミを眷属(けんぞく)(お使い)として祀り、そのご利益は山間部では五穀豊穣や獣害除け、都市部では火難・盗賊除けなどでした。しかし、『遠野物語』の狼は人や馬を食い殺す害獣そのもので、この地方の人々にとって、長いあいだ大きな脅威だったことがうかがい知れます。

熊

新聞記事にもなった格闘

獣の「熊」と、人の「熊」

四三 これは一昨年の『遠野新聞』にも載ってる話です。
上郷(かみごう)村の「熊」てゆう名前の男が、雪の日に友人と連れ立って、六角牛(ろっこうし)に狩りに行き谷の深いとこまで入ったら、熊の足跡を見つけましてん。連れと手分けしてその足跡追って、じぶんは峰の方へ行ったら、大っきい熊が岩陰からこっちを見とんねん。

鉄砲で撃つにはあんまし近いし、鉄砲捨てて熊に抱きついたら、雪の上を転んで谷に降りてしもたもんやから、連れの男は助けよとしてんけどどないもならへん。

そのうち谷川まで落ちて、人の「熊」が獣の「熊」の下になって水に沈んでしもてんけど、その隙ねろて打ち取ったった。

人の「熊」は溺れへんかったし、獣の「熊」の爪で数か所ぐらい怪我したけど、命に差しさわるようなことはなかったんやて。

【解説】

クマは日本でもっとも大きい狩猟獣で、熊の胆や毛皮は商品価値が高いため、東北地方の狩猟民「マタギ」にとって第一の獲物でした。またその大きさや獰猛さに対する畏怖の念から、各地で「神」ともみられてきたのです。アイヌでも、クマはシカと並ぶ重要な狩猟獣で、またカムイ（神）と言えばクマを指しました。

この四三話は本文中にあるように、明治三九年（一九〇六）一一月一〇日の「遠野新聞」にも報道された事件ですが、クマと戦った男は、実際にはかなりの重傷を負ったようです。

狐

化かし、あざむき、もてあそぶ

撃てなかったそのわけは

六〇　和野村の嘉兵衛爺が雉子小屋の中で雉子待ってたら、狐がしょっちゅう出てきて雉子を追いよるねん。

あんまし憎たらしいもんやさかい、「撃ったろ」思て鉄砲で狙ってんけど、狐のほうはこっち向いて、「なんともあらへん」みたいな顔をしとる。

鉄砲の引き金引いたら火が移らへんから、なんでや思てよう見たら、いつのまにか知らんけど、筒口から手元のとこまで土を詰められてしもてたんやて。

親友と相撲を取ったはずなのに

九四　和野の菊蔵っちゅう人が、用事があって柏崎のお姉さん家に行きましてん。その帰り、振る舞い餅の残りを懐に入れて、愛宕山の麓の林を過ぎたあたりで、象坪の藤七てゆう大酒飲みの親友に会うてんけど、そこは林の中やけど芝原のちょっとあるとこやった。

藤七は、ニコニコ芝原指さして、

「ここで相撲取らへんか」

て言いよる。

菊蔵かて承知して、しばらく二人で草原で遊んでんけど、藤七が弱ぁて軽うて、簡単に抱えて投げられるもんやさかい、おもろなって三番も相撲を取ってん。そしたら藤七が、

「今日は全然かなわへんかったわ。ほなもう行こか」

言うて別れたんやて。

それから四、五間ほど行ったとこで気づいてんけど、菊蔵が懐に入れた餅があらへんし、相撲取ってたとこまで戻って探しても、やっぱしあらへんねん。そしたらやっと、「あれは狐のせいや」て思たんやけど、恥ずかしゅうてだれにも言われへん。
四、五日してから酒屋で藤七に会うて、その話したら、
「お前と相撲なんか取ってへんで。だいたいその日は浜のほう行ってたし」

て言うもんやさかい、じぶんが相撲を取ったんは狐やてはっきりしよった。

菊蔵はほかのもんには隠しててんけど、昨年の正月休みにみんなで酒飲みながら狐の話をしたとき、

「ほんまのこと言うたら、おれかてな……」

て白状したら大笑いされたんやて。

留守番をさせられた旅人が見たもの

一〇一　ある旅のもんが豊間根（とよまね）村○を過ぎたじぶんに、夜も更けて疲れてしもてんけど、知り合いの家に灯がともってるのが見えたさかい、入って休ませてもらおと思てん。そしたら、

「ええときに来てくれたわ。夕方に死んだもんがおって、だれか留守番してくれへんかと思てたとこや。悪いけど、しばらくのあいだ頼んだで」

言うて、その家の主人は人を呼びに行ってしもてん。

迷惑な話やけど断る理由もあらへんさかいに、囲炉裡（いろり）のそばで煙草を吸うてたら、死人ちゅうのはその家のばあさんで、奥の方に寝かせてるねんけど、ふと見

たら床の上にむくむくと起きあがりよる。

胆潰すぐらいびっくりしてんけど、気ぃ鎮めて静かにあたりを見回したら、流し元の水口の穴に狐みたいなんが顔さし入れて、やたらと死人のほう見とる。

身ぃひそめて、気づかれんように家の外出て、背戸の方に回って見たら、ほんまに狐や。狐の奴、首を穴に入れて、後足を爪立てとるねん。

旅のもんはそのへんにあった棒で、その狐を打ち殺したんやて。

○下閉伊（しもへい）郡豊間根村大字豊間根。

【解説】

日本にはキツネに化かされたという体験譚も多く、道に迷わされた、木の葉を小判に見せられた、あるいはキツネが人間に化けたという話も少なくありません。またキツネを神の眷属（けんぞく）とする稲荷信仰は全国に広がりました。またキツネの霊が憑いて異常行動をとったり、病気になったりするなど、キツネは人間の身近にいながらも、ずっと畏れられてきたのです。

色々の鳥

鳥の名前は悲惨な由来

「オットーン」と啼く鳥

五一　山にはいろんな鳥が住んでるねんけど、なかでも夏の夜中に啼（な）く「オットー鳥[*1]」がいっとう淋しい声しててて、海辺の大槌（おおづち）から駄賃付（だちんづけ）とかが峠を越えてやってきたら、深い谷底から声が聴こえてくるんや言います。

昔、ある長者の娘さんが、べつの長者の男の子と仲良うなって山に遊びに行ってんけど、男の子が急に見えへんようになってしもてん。夕暮れになって、夜まで探し歩いてんけど、男の子を見つけることができなんだら、娘はしまいにこの鳥になってしもたんやて。

「オットーン、オットーン」

てゆうんは「夫」のことで、声のしまいのほうはかすれて、ほんまにあわれな啼き声やねん。

＊1　ミミズクかコノハズクか。

「アーホー」と啼く鳥

五二　「馬追鳥（ウマオイドリ）＊2」は時鳥（ホトトギス）に似てるねんけど、ちょっと大（お）っきいし、羽根の色は赤に茶を帯びてて、肩には馬の綱みたいな縞（しま）模様があります。それに胸のあたりにクツゴコのみたいな形もおます。

ある長者の家の奉公人が、山へ馬を放しに行って家に帰ろとしたら、一匹足りひんから夜通し探し歩いてたら、しまいにこの鳥になったんやて。

「アーホー、アーホー」

てゆう啼き声は、この地方では野におる馬を追う声とおんなしで、馬追鳥が里まできて啼く年は、飢饉の前ぶれやて言います。ふだんは山の深くに住んでて、そこまで行ったら啼き声が聴けます。

○口籠。馬の口に嵌める網の袋。

＊2　アオバトか。

カッコウとホトトギスは姉妹だった

五三　郭公（カッコウ）と時鳥（ホトトギス）は昔、姉妹やったんやて。

姉のほうがあるとき、掘った芋を焼いて、まわりの堅いとこをじぶんで食べて、中の軟（やら）かいとこを妹にあげてん。せやのに妹は、「姉ちゃんはずるして、うまいほうを食べよった」て勘違いして、庖丁で刺し殺してしもてん。そしたら姉は、とたんに鳥になって、

「ガンコ、ガンコ」

て啼いて飛び去りよってんけど、「ガンコ」っちゅうんはこのへんの方言で「堅いとこ」の意味やねん。

妹はそれでやっと、「姉ちゃんは、ええとこのほうをあたしにくれたんや」て気ぃついて、悔しいてたまらんさかい、じぶんも鳥になって、

「庖丁かけた」

て啼いたんやて言います。せやさかい遠野では、ホトトギスのことを「庖丁かけ」て呼んでるねん。また盛岡のへんでホトトギスは、

「どっちゃに飛んだ」

て啼くんやて言われてます。

○この芋は馬鈴薯（ばれいしょ）のこと。

【解説】

鳥の名の由来譚ですが、どれも悲しい話ばかりです。とくにひとつの芋を姉妹が取り合う五三話は、遠野を襲った凶作・飢饉が背景にあるのではないでしょうか。

遠野では宝暦四年（一七五四）に大洪水による凶作、また翌年の宝暦五年は冷害による凶作と二年続けて凶作だったと記録に残っています。宝暦五年の大凶作では、米だけでなく、稗、粟、豆など雑穀類もほとんど取れず、多くの餓死者が出たと言います。また領内から出奔したものも多く、疲弊したうえ労力が足りなくなったことから、宝暦六年も七年も凶作となり、田畑は不毛の地と化したと伝えられます。鳥たちの名の悲しい由来譚は、小動物に人間の悲惨を託して物語化したものかもしれません。

怪異・不思議な話編

山の霊異

夢か現か幻か、深山での出来事

白鹿と地名由来

三二　千晩ヶ岳（せんばがだけ）*1の山中に、けったいな沼があります。この沼のある谷は、むちゃくちゃ生臭いにおいがするもんやさかい、山に入って帰ってきたもんはあんましいてません。昔、「何の隼人（はやと）」っちゅう猟師がおって、その子孫はいまかているねんけど、その何の隼人が白い鹿を追っかけて、この谷に千晩籠ったからこう呼んでますねん。

その白鹿が鉄砲で撃たれて、次の山まで逃げてったら片足が折れたさかい、その山のことを今、「片羽山（かたはやま）」て言うてます。

白鹿は、そこの前にある山まできて死んでしもてん。ほんでそこを「死助（しすけ）」て呼んでます。いま「死助権現（しすけごんげん）」ゆうて祀ってるのはこの白鹿ですねん。

○さながら古い風土記を読むみたいだ。

*1　釜石市甲子町の仙磐山。

白鹿と白石

六一　和野に住んでる嘉兵爺が六角牛に入ったとき、白い鹿に会うたそうです。「白鹿は神や」てゆう言い伝えもあるし、「怪我させて、殺してしもたら絶対に祟られる」て思てんけど、腕自慢の猟師なもんやさかい、ここで撃たんと笑いもんになるんのは嫌やってん。せやから思い切って白鹿撃ったら、手応えはあんねんけど全然鹿が動かへん。
えらいが胸騒ぎがして、万が一に備えてふだんから持ってる、魔除けの「黄金の丸」[*2]にヨモギを巻きつけて撃ったら、それでも鹿はびくともせえへん。「なんぼなんでもおかしいなぁ」て近寄ってったら、鹿によう似た白石でんがな。

「何十年も山の中で暮らしてるけど、石と鹿を見間違うことあるかいな。こんな魔障の仕業に違いあらへん」

て、このときばっかしは猟を止めよと思たんやて。

＊2　猟師が山に入るときに常備する「マモリダマ」。

けったいな大岩

九五　松崎の菊池某てゆう、今年四十三、四歳の庭作りの上手な男がいてます。

この男、ふだんから山に入って草花掘っては、じぶんとこの庭に植え替えたり、おもろい形の岩見つけたら、重いのんも嫌がらんと家に持って帰ったりしてます。

ある日この男が、気晴らしに家出て山で遊んでたら、これまで見たことないぐらいごっつうきれいな大岩を見つけてましてん。男は根っからの道楽もんやさかい、「持って帰ったろ」と持ち上げかけたらむっちゃくちゃ重いし、なんか人間が立ったみたいな形してて、高さかて人の背丈ぐらいもあるねん。

せやけど欲しいてしゃあないから、その岩背負(しょ)って、我慢して十間ほど歩いてんけど、あんまし重うて気が遠なるほどや。怪しいさかい道のそばに岩立ててもたれかかったら、そのまんま石ごと、空中にすっと昇ってくみたいな気分になってきよった。

雲より上ぐらいのことまできたら、そのへんはほんまに明かるうて清らかで、あたりにいろんな花が咲いてて、どっかから大勢の人の声も聞こえてきよる。せやのに石はまだ昇ってってって、そのうち昇り切ってしもたんか、しまいにはなんもようわからようになってしもてん。

しばらくして気ぃついたときには、やっぱし前みたいに、変わった石にもたれかかったまんまやし、「こんな石、家に持ちこんだら、どんなえらいことにあうかわからへん」て、怖なって逃げ帰ってん。

この石いま今かておんなしところにあるねんけど、菊池某はちょくちょく見るたんび、まだ欲しなることがあるんやて。

仙人峠の落書き

四九　仙人峠は登りが十五里、降り(くだ)も十五里あるねんでけど、その中ほどに仙人のお像を祀ったお堂が立ってます。昔からこのお堂の壁には、旅人がこの山で遭うたけったいな出来事を書きしるす習(なら)わしがあります。
たとえば、「越後のもので、何月何日の夜、山道で髪の垂らした若い女に会ったら、こっちを見てニコッと笑った」っちゅう類で、ほかにも「猿に悪戯された」とか「三人の盗賊に遭った」みたいなことが書いたありまんねん。

○この一里も「小道」。

【解説】

鹿（シカ）は古くは「シシ」、「カノシシ」とも呼ばれ、人々と深い関わりを持ってきました。鹿皮が武具などに用いられるほか、肉、骨、角などもさまざまな用途に利用されてきたのです。

また古くから奈良の春日大社や広島県の厳島神社などでは、神使（しんし）として神聖視され、害獣であるシカを捕らえて豊作を祈願とすることもありました。

白いシカを神聖視する伝承は中国にもあり、北海道のアイヌは、シカは神が天上でウサギ狩りをするときの猟犬で、シカの毛は真っ白で立派な角を持つと伝えています。

なお四九話だけの題目「仙人堂」はこちらに入れました。

塚と森と・蝦夷の跡

伝説をめぐる地名と地形

ダンノハナと蓮台野（れんだいの）

二二　山口、飯豊（いいで）、附馬牛（つくもうし）の字（あざ）荒川、東禅寺や火渡（ひわたり）、青笹（あおざさ）の字中沢と土淵（つちぶち）村の字土淵に、「ダンノハナ」○てゆう地名があります。そのそばには向かい合わせに、「蓮台野（れんだいの）」っっちゅうとこが必ずあります。

昔は、六十超えた年寄りは、みんな「蓮台野」へ追いはらうのがならわしで、追いはらわれた年寄りは、かんたんに死んでまうこともできひんさかい、日中は里に下って、田畑を耕して暮らしてたんやて。

そのせいかしらんけど、いまかて山口や土淵のへんでは、朝、野良仕事に出るんを「ハカダチ」、夕方、野良仕事から帰るんを「ハカアガリ」て言うてます。

○「ダンノハナ」は「壇」の「塙」、つまり丘の上に塚を築いた場所のこと。境の神を祀るための塚だと信じられている。「蓮台野」も同じ類であることを『石神問答』の中で述べている。

土器が出てくるところ

一一二　「ダンノハナ」は昔このへんに館（たて）があったころ、囚人を斬ったとこやて言われてます。ダンノハナの地形は、山口のも、土淵飯豊（つちぶちいいで）のもだいたいおんなしで、村の境の丘の上にあって仙台にもおんなし地名があります。

山口のダンノハナは、大洞（おおほら）の方に越えてく丘の上で、館の跡の続きです。蓮台野（れんだいの）のほうは、ダンノハナと山口の民家を隔てて向かい合うてて[1]、四方はぜんぶ沢になってます。

東の方はダンノハナとのあいだの低いとこで、南の方は「星谷（ほしだに）」[2]言います。ここには「蝦夷屋敷」っちゅう四角に凹んだとこがいくつもあって、その跡地はえらいはっきりしてて石器がぎょうさん出てきます。蓮台野からは「蝦夷銭（えぞせん）」ゆうて、土でこさえた径二寸ぐらいの銭かてぎょうさん出てきて、それにはかんたんな渦紋の模様がついてます。

石器や土器の出るとこは山口に二か所あって、もうひとつは小字の「ホウリョウ」[3]で、こっから出る土器と、蓮台野から出る土器は様式がぜんぜん違（ちご）てて、蓮台野のは細工がされてへんけど、ホウリョウのはこまかい模様があります。こっちからは埴輪（はにわ）も出てくるし、石斧や石刀、丸玉、管玉なんかも出てきます。ホウリョウの石器は石の質がおんなしやねんけど、蓮台野から出てくるのは原料もいろいろです。

　ホウリョウはなんかの跡やてゆうこともない一町歩ほどの狭いとこで、星谷の底のほうは、いまは田んぼになってます。蝦夷屋敷はこの両側に連なってたて言われてて、このあたりには、そこ掘ったら祟られるっちゅうとこが二か所ほどあります。

○1 ほかの村々でも二か所の地形と関係はよく似ているという。

○2 「星谷」という地名も諸国にあり、星を祀ったところである。

○3 「ホウリョウ権現」は、遠野をはじめ奥羽一円に祀らるる神で、蛇の神だといわれる。ただし、名前の由来と意味は知らない。

地震避難の森

一一三　和野に「ジョウヅカ森○」て呼ばれてるとこがあって、「象を埋めた場所」とされてて、「ここだけは地震があらへん」ゆうてこのへんでは昔から、「地震が起こったらジョウヅカ森に逃げるねんで」て言い伝えられてます。

この森はもともと人を埋めた墓で、塚の周りに堀があって、塚の上には石があり、ここを掘ったら祟られるとも言われてます。

○「ジョウヅカ」は「定塚」、「庄塚」または「塩塚」などと書いて諸国に数多くある。ここも境の神を祀ったとこで、地獄のショウツカの奪衣婆の話などと関係があることを、『石神問答』で詳しく記している。また象坪などの象頭神とも関係があり、象の伝説は理由がないことでもなく、塚を森ということも東国風である。

ボンシャサの館

一一四　山口のダンノハナは、いまは共同墓地になってます。丘の頂にはうつ木を栽えてめぐらせたあって、入口は東の方に向いてて門みたいになったとこがあります。

以前にいっぺん、その中ほどにある大っきい青石の下を掘ったもんがおってんけど、なんも見つからへんかった。その後にも、おんなしようなことしたもんが大っきい瓶を見つけてんけど、村の年寄りたちがえらい叱ったもんやさかい、またもとのとこに置きなおしたんやて。

ここは、館の主の墓やとも言われてて、近くには「ボンシャサの館」ゆうて、いくつも山を掘って水引いてきて、まわりを三重、四重に堀で囲った館もあります。

ほかにも「寺屋敷」とか「砥石森（といしもり）」てゆう地名もあって、井戸の跡らしい石垣が残ってます。山口孫左衛門（まござえもん）の祖先は、ここに住んでたそうで、『遠野古事記（こじき）』*に詳しゅうに書いてます。

＊ 遠野の昔の歴史や風俗、伝説や噂話を宇夫方広隆が宝暦十三年（一七六三）にまとめた本。

【解説】

遠野では蓮台野（れんだいの）を「デンデラノ」と呼んでいます。蓮台野は墓地・火葬場で、京都市北区船岡山西麓にあることで知られているでしょう。

一一二話の山口では、ダンノハナとデンデラノ（蓮台野）は、集落を挟んで向かい合っています。生の空間である集落、死の空間であるダンノハナ、その中間に老人が追いやられるデンデラノが位置したのです。ただ姥捨（棄老）伝承のひとつとされる一一二話ですが、老人たちは日中は里に降りて農作業をし、食い扶持を得ていたことがわかります。なお山口のダンノハナの共同墓地には、集落を見下ろすように佐々木喜善の墓があります。

ふたつの題目「塚と森と」と「蝦夷の跡」（一一二話のみ）をひとつにし、「塚と森と」の六六話は「館の址」に移し、「塚と森と」と「館の址」に重なる六七話は後者に収めました。

館の址（あと）

安倍貞任（あべのさだとう）と八幡太郎（はちまん）の合戦のなごり

早池峰の安倍屋敷

六六　早池峰の附馬牛の方からの登り口にも、やっぱし「安倍屋敷」てゆう岩穴があります。早池峰はなんしか、安倍貞任にゆかりが深い山ですねん。
小国から登ってく方の山口にも、討ち死にした八幡太郎[*1]義家の家来を埋めたてて言われてる塚が三つほどあります。

*1　源義家。八幡太郎（はちまんたろう）の通称でも知られる平安時代後期の武将。源頼義の長男。

貞任伝説の数々

六七　安倍貞任にまつわる伝説は、ほかにもぎょうさんあります。
土淵村と、昔は橋野てゆうてた栗橋村の村境いで、山口より二、三里ぐらい登った山の中に、広うて平らな原っぱがあるねんけど、そのへんの地名にも「貞任」ゆうとこがあります。そこにある沼は、貞任が馬を冷したとこやてゆうたり、貞任が陣屋を構えた跡とかて言い伝えられてます。

「これは煮た粥か？」

六八　土淵村には安倍氏てゆう家があって、貞任の子孫や言うてます。昔はよう栄えた家で、いまかて屋敷のまわりに堀があって、水が張ったあります。刀剣とか馬具かてぎょうさん持ってます。

当主の安倍与右衛門は、村で二、三番目のお金物持ちで、村会議員をしてます。安倍の子孫や言うてる家はほかにもぎょうさんあって、盛岡の安倍館あたり、厨川の柵の近くにもいてます。

土淵村の安倍家の四、五町ほど北、小烏瀬川が曲がったあたりに館の跡があって、そこのことを「八幡沢の館」て言うてんねんけど、「八幡太郎の陣屋」っちゅうのはここのことです。こっから遠野の町に行く道に「八幡山」ゆう山もあって、その山の八幡沢の館に向かい合うてる峰には、べつの館跡があって、そこは「貞任の陣屋」やて言います。二つの館のあいだは二十余町も離れてるねんけど、矢戦した言い伝えが残ってて、矢じりがぎょうさん掘り出されてます。

二つの館のあいだには「似田貝」てゆう集落があります。戦してたころ、この

へんは葦が えらい茂ってるもんやさかい、土が固まらんと「ユキユキ」揺れ動いたそうです。あるときここを八幡太郎が通りかかったら、敵味方どっちの兵糧か知らんけど、粥がたくさんおいたあるのんを見て、

「これ、煮た粥か？」

て聞いたさかい、こんな村の名になったんやて。

似田貝の村の外を流れてる小川を「鳴川」言います。その川向こうの「足洗川村」ちゅう村の名前は、義家が鳴川で足洗たことからきてるっちゅうふうに伝えてます。

○「ニタカイ」はアイヌ語の「ニタト」、つまり湿地に由来する。地形がよく合う。西の国々では「ニタ」や「ヌタ」というのも同じだ。下閉伊郡小川村にも「二田貝」という字がある。

黄金を埋めた山

七六 「長者屋敷」は昔、長者が住んでたとこの跡地で、そのへんにも「糠森」ゆう山があります。長者の家の糠捨てたら、山になったんやて言うてます。○

この山の中には五つ葉のうつ木があって、その下に黄金が埋めたあるゆうて、いまかてたまに、うつぎのありかを探し歩いてるもんがいてます。この長者は昔、金山師*2でもしてたんか、このへんには鉄吹いたあとの滓が残っとります。恩徳の金山かて山続やし、こっから遠いことはおまへん。

○諸国にある「ヌカ塚」、「スクモ塚」の多くにも、同様の長者伝説が伴なう。また黄金埋蔵伝説も、諸国にかぎりなく多い。

*2 鉱山業者。採鉱経営者。

【解説】

安倍貞任は永承六年（一〇五一）から一二年にわたり、前九年の役で八幡太郎義家と争った中世の武将です。貞任の軍勢は衣川の柵で敗れましたが、貞任は北に逃れたという伝説があります。遠野の安倍氏は貞任の末裔を名乗り、土淵町土淵にある「安倍屋敷」は、安倍一族の屋敷の跡だと言われています。なお題目「塚と森と」の六六話はこちらに移しました。

昔の人

いまでも語り継がれる変わりものたち

サムトの婆

八　日ぃ暮れるころ、女や子どもが家の外に出てたら、神隠しによう遭うたりするんは、よその国とおんなしです。

松崎村の寒戸てゆうとこにある家で、若い娘が梨の木の下に草履脱いだまんま、行方知れずになりましてん。せやけどそれから三十年もして、親類や知り合いがその家に集まってるとこへ、その娘がえらい老けて帰ってきよった。

「なんで帰ってきてん?」

て尋ねたら、

「あんたらに会いたいから帰ってきたんや。せやけどうち、また行くわ」

言うて、跡形も残さんと、また消えてしまいよってん。その日は、風のえらい強う吹く日やったんやて。

そんなことがあったもんやさかい、遠野の人はいまかて風がにぎやかな日には、

「きょうはサムトの婆さんが帰ってきそうな日やなあ」

て言うんやそうです。

山中で聞く叫び声

一〇　菊池弥之助（きくちやのすけ）[*1]がある奥深い山の中入って、茸取るのに小屋掛けして泊まっとったら、夜遅うに遠くの方で、

「きゃーっ」

てゆう、女の叫び声がしたさかい、胸が騒がしゅうてあらへんかってん。ほんで里まで帰ってきたら、同じ夜、同じ時刻に、弥之助の妹が息子に殺されてしもてたんやて。

*1　九話にも登場する駄賃付を生業にする男。

狂ったせがれ

一一　この妹っちゅうんは母一人子一人で、嫁姑の仲が悪なって、嫁さんはしょっちゅう親里戻って、帰ってけえへんかったりしててん。
その日嫁さんは家にいて伏せってててんけど、昼ごろになって急にせがれが、

「お母ん（かか）[*2]は、もう生かしとかれへん。今日は殺（い）てもうたるさかいな」

*2　原文では「ガガ」。原注に「方言にて母ということなり」とある。

言うて、大(お)っきい草刈り鎌取り出してゴシゴシ磨ぎ始めよる。

そのようす見てたら、ふざけてるとは思われへんし、お母んがいろいろ言うて謝っても、なんも言うこと聞いてくれん。嫁さんも起きてきて、泣きながら取りなしてんけど、聞いてくれそうなようすもあらへんし、お母んが逃げよとするんを見て、前後の戸口を閉めてしまいよってん。ほんでお母んが、

「用足しに行きたいねん」

言うたら、外から便器抱えてきて、

「ほんだらここにしたらええ」

て、むちゃくちゃなことを言いよる。

夕方になったらお母んもあきらめてしもて、大っきい囲炉裡(いろり)のそばにうずくまって泣くばっかしや。

せがれのほうはよう磨いた大鎌持ってきて、お母んの左の肩口目がけて薙ぐように切りつけてんけど、鎌の刃先が炉の上の火棚に引っかかって、うまいこと切れへん。そのときお母んは、弥之助(やのすけ)が山の奥で聞いたんとおんなしような声で叫んだんやて。

せがれはこんど、お母んの右肩から切りおろしてんけど、それでも死なへん。そないなとき、びっくりした里人らが駆けつけてきて、せがれを取りおさえて警官に突き出したってん。警官がまだ、棒を持ってた時代の話や。

お母んは、捕まったせがれが引き立てられてゆくんを見て、血が滝みたいに流れてんのに、

「じぶんは孫四郎のこと恨んでへんさかい、このまま死んでも許したって……」

て言いまんねん。こんなん聞いて、心を動かさんもんはいてしまへん。

引っ張られていく途中も孫四郎は鎌振り上げて、巡査を追いまわしたりしててんけど、「狂人」やゆうことで放免されて、家に帰っていまかて里で生きてます。

遠野の生き字引

一二　土淵(つちぶち)村の山口に新田乙蔵(にったおとぞう)てゆうお年寄りがおって、村の人からは「乙爺(おとじい)」て呼ばれてます。いまはもう九十近うて、病気でもう死にそうでんねん。
乙爺は最近、遠野の昔話をよう知ってるさかいに、

「だれかに話して聞かせときたいもんやなぁ」

て口癖みたいに言うてます。せやけど、乙爺があんまり臭いもんやから、家に立ち寄って聞こうとするもんなんかおらしまへん。

遠野のいろんなとこにあった館の主の伝記、家々の栄枯盛衰、昔からうたわれてる歌の数々、深い山の中の伝説とかその奥に住んでる人らの物語なんかは、乙爺がいちばんよう知ってます。

○乙爺は惜しいことに明治四十二年（一九〇九）の夏の始めに亡くなった。

赤ゲット、赤頭巾の酔狂

一三　乙爺は数十年ちゅう長いこと、山の中にひとりで住んでます。ええ家柄の出やねんけど、若いころに財産失くして家傾けてしもてん。それからは世間への未練なくして、峠の上に小屋を掛けして、往来のもんに甘酒売って生計を立てとんねん。駄賃（だちん）のものなんかは、このじいさんを父親みたいに思て親しゅうしとおる。

この爺さん、ちょっとでも儲けがあまったら、酒飲みに町に下りてきよんねん。赤毛布（あかゲット）*3でこしらえた半纏（はんてん）着て、赤い頭巾かぶって、酔っぱらってええ気分になったら町の中を踊って帰るねんけど、巡査かてとがめたりせえへん。ええかげん年とって昔の里に帰ってんけど、子どもはみんな北海道行って、じいさんひとりであわれに暮らしたんやて。

*3　赤いブランケットの略。

二　お稲荷さんのご利益

山口の長者の孫左衛門は、このへんの村には珍しい学者で、京都から和漢の書物を取り寄せて読み耽（ふ）ったりしてるねんけど、ちょっとした変わりもんやてゆう評判です。

この孫右衛門、狐と仲良なって、家をもっと富ませる術を授かったろて思い立ちよってん。ほんで庭に稲荷の祠（ほこら）建てて、京都に上って「正一位（しょういちい）」の神階を請（う）けて帰ってきてからゆうもん、毎日一枚、お社に油揚げをお供えして拝むことをかかさへんかったんやて。そしたら狐も馴れてきて、近づいても逃げへんし、手ぇ延ばして首おさえたりして手なずけててん。

そんなん聞いた村の薬師堂の堂守りが、

「うちの仏様は、なんのお供えもせえへんけど、孫左衛門の神様より御利益があるでぇ」

言うて、しょっちゅう笑いものにしたんやそうです。

田んぼのうち

二六 柏崎（かしわざき）の「田圃（たんぼ）のうち」[*4]て呼ばれてる阿倍氏は、よう知られた旧家です。この家の先代に彫刻が上手な人がおって、遠野郷の神仏のお像には、この人がこさえたもんがぎょうさんあります。

＊4　一五話にも出てくる。ただし正しくは田中氏だとされている。

海辺に住む西洋人

八四 佐々木くんのお祖父さんは三、四年前に七十ぐらいで亡くなってんけど、この人が青年やったてゆうから嘉永[5]のころの話です。

海岸の方には西洋人がぎょうさん住んでて、釜石にも、山田にも西洋館がありてましてん。船越の半島の突端にも西洋人が住んでたことがあります。そこらではキリスト教が隠れて信じられてて、遠野でもキリストを祀って磔になったもんかていてます。

浜に行ったもんから、「異人ゆうたら、よう抱き合うては、舐め合いよる」て聞いて、いまかて話題にする年寄りかておる。

それに海岸の地方には、血の混ざった子がけっこう多いて言われてます。

＊5　一八四八年から一八五五年。

「白子」がいる家

八五　土淵村の柏崎には、両親とも日本人に違いないのに、「白子」が二人いてる家があります。髪も、肌も、眼も西洋人のまんまで、いまは二十六、七歳ぐらいになってます。家で農業をしてるねんけど、語音も土地の人とは違てて、細うて鋭い声をしてます。

【解説】

八話は有名な「寒戸（サムト）の婆」の話です。じつは遠野に「寒戸」という地名はなく、松崎村に「登戸（ノボト）」が実在します。このため「寒戸」は「登戸」の誤記であるとか、柳田の聞き間違いであるとか、あるいは柳田が話を改変したのではないかという説があります。登戸では、急にいなくなった旧家の娘が数十年後に村に現れたと伝わり、「モンスケ婆」と呼んで、恐れられてきたと言われています。

なお題目にはない八五話をここに収めました。

家の盛衰

長者の家はなぜ衰えてしまったのか？

孫左衛門家の没落

一九　山口の長者の孫左衛門の家で、ある日梨の木のまわりに、見たこともない茸がぎょうさん生えてたてん。

それ見て、「食おか」、「食わんとことか」て下男が相談してたら、最後の代の孫左衛門が、

「食わんほうがええ」

て止めてんけど、下男のひとりが、

「どんなキノコかて、水桶の中に入れて、苧殻（おがら）でようかきまわしてから食うたら、ぜったいあたることあらへん」

て言うもんやさかい、そのとおりにして、家のもん全員茸を食べてしもてん。せやけど、七歳の女の子だけ、その日は外で遊びに気ぃ取られて、昼飯食べに帰るのを忘れてたさかいに無事やった。

主人が急に亡くなってしもたもんやから、みなが動転してるまに、遠い親類、近い親類に加えて、「貸しがあってん」、「約束があったわ」とか言うもんが次々

出てきて、家の財産は味噌まで持っていきよってん。孫左衛門の家は、村の草分（くさわけ）の長者やってんけど、あっちゅうまに、跡形もなくなったんやて。

蛇を殺した報い

二〇　このけったいな出来事の前には、いろんな前兆がありました。

男らが刈った秣（まぐさ）を出そうと三ツ歯の鍬（くわ）で掻（か）きまわしとったら、中からでっかい蛇が出てきてん。このときかて主人が、

「殺したらあかん」

て言うて止めるのを聞かんと、殺してしもたんやて。そしたら秣の下から、数えられへんぐらい蛇があとからあとから沸いてきよってん。せやけど男どもが、面白半分にぜんぶ殺してしまいよった。

そんなん捨てるとこもあらへんさかい、屋敷の外に掘った穴に屍骸を埋めて、蛇塚をこさえてんけど、その蛇の数ゆうたらモッコ[*1]に何杯もあったて言います。

＊1　わらやむしろ、藤づるなどで編んだ運搬用具。

「大同」の由来

二四　村々の古い家を「大同(だいどう)」○てゆうんは、大同元年[*2]に甲斐国(かいのくに)から移って来た家やからなんやそうです。大同は、田村麻呂(たむらまろ)将軍[*3]が蝦夷(えぞ)征伐したころで、甲斐国ゆうたら南部家の本国にあたるさかい、二つの伝説が混じってしもたんかも知れへん。

○「大同」は「大洞」かとも思われも、「洞」とは東北で家門または族のことをいう。『常陸国志』に例があり、「ホラマエ」という語が後に出てくる。

＊2　八〇八年。
＊3　坂上田村麻呂。

吉例の片門松

二五　大同(だいどう)のご先祖がこの地方に初めて着いたんはもう歳の暮で、正月に飾る門松をまだ片方しか立てへんうちに、元日になってしもたんやて。せやさかいいまかて、大同を名乗る家では、片方の門松を地面に伏せたまま、そこにしめ縄を渡すのがめでたいならわしなんやて言います。

開かずのつづら

八三　山口の大同、大洞万之丞の家の建て方は、ほかの家とちょっと違て、玄関が東南の方角を向いてます（その図を次のページに掲げます）。
むちゃくちゃ古い家で、この家には中のもんを出して見たら祟りがあるゆうて、だぁれも開いたことのない古文書を入れた葛籠が一つあります。


【解説】

山口孫左衛門は一八話と二四話にも出てきます。また二一話で、狐から家を富ます術を得ようとしたのもこの家の当主でした。裕福な長者が没落したり、何かのきっかけで滅亡したりすることは、民話の世界にとどまらない厳しい現実だったことでしょう。

この題目と重複する一八話は「オシラサマ」に、三八話は「狼」、六三話は「前兆」に、一三話は内容から「昔の人」に入れました。また「前兆」から二〇話、「家のさま」から八三話をこちらに移しました。

イ 玄関
ロ 前ノ口
ハ 茶ノマ
ニ 仏ダン
ホ 仏ダン
ヘ 寝マ
ト ウチノ炉
チ 台所ノ炉

坪前 庭
縁側
ニ
縁側
オンニャ（御庭）
ホ ヘ ヘ
常居 又ハ ウチ
イ
ハ
ト
川
ホラ前
裏口
ロ
据釜
馬舎
台所
チ
セドノ口
川

マヨイガ

山中で人の気配がする家を見つけたら…

無尽蔵の器

六三　小国(おぐに)村に住んでる三浦某は、村いちばんの金持ちです。その三浦家のいまから二、三代前の主人のころは、家はまだ貧しいし、奥さんはちょっとのろい人でしてん。

　その奥さんがある日、カド[1]の前を流れてる小さい川に沿って蕗(ふき)採りに行ったら、ええ蕗があんまし生えてへんかったさかい、谷の奥までどんどん登っていってしもてん。ほんでふと見たら、えらい立派な黒い門の家を見つけたんやて。

　なんかあやしいなぁて思てんけど、門の中に入ったら、大(お)っきい庭に紅白の花が一面に咲いてて、鶏が何羽も遊んどおる。庭の裏にまわったら、牛小屋には牛がぎょうさん、馬小屋には馬がぎょうさんおるねんけど、人影はぜんぜんあらへんねん。

「どないなってねんやろ」と思て玄関上がったら、次の間には朱と黒の膳椀(ぜんわん)がいくつも並べたあるし、奥の座敷の火鉢には鉄瓶に湯が沸いてるのに、人の姿はあらへん。「ひょっとしたら、山男の家かもしらん」て急に怖なって、家に駆けって帰ったんやて。ほんでこのけったいな家のことを、人にしゃべってんけどだあれも信じてくれへん。

せやけどまたべつの日、家のカドに出て洗いもんしとったら、川上から赤いお椀が一つ流れてきよる。あんましきれいやさかい拾ってみてんけど、「これ食器に使たら、汚いて怒られるなあ」と思て、ケセネギツ[2]の中に置いてケセネを量る器にしてん。

この器で量るようになってから、いつまで経ってもケセネが尽きひんから、家のもんが「あやしいこっちゃで」て問いつめたら、奥さんは川から拾ってきたことを白状しよった。けどそれからこの家はどんどん運が向いて、いまの三浦家になりましてん。

この話みたいに、山の中にあるけったいな家のことを、遠野では「マヨイガ」て言うてます。マヨイガに行きあたったもんは、その家にある器でも家畜でも、なんでもええから必ず持って帰ってこなあきまへん。その人にあげよと思て、そうゆう家を見つけさせたんでっから。

三浦某の奥さんは欲が薄うて、なんも盗ってけえへんかったさかい、お椀のほうから流れてきたんやろて言われてます。

◯1この「カド」は門ではなく川の戸で、門前を流れる川岸で水を汲み、物を洗うため家ごとに設けたところを指す。

◯2「ケセネ」は米、稗などの穀物のこと。「キツ」はその穀物を容れる箱で、大小さまざまなキツがある。

手ぶらで帰ってきた婿

六四 金沢（かねさわ）村◯は白望（しろみ）山の麓（ふもと）の、上閉伊（かみへい）郡でもえらい山奥で、往来するもんもあんまりいてません。

いまから六、七年前にこの村から、栃内（とちない）村山崎の某かかの家が娘の婿をもらいましてん。この婿さんが実家に帰るのに山道で迷て、やっぱしマヨイガに行きあたりよってん。家のようすは、牛、馬、鶏がぎょうさんおって、紅白の花が咲いてとことか、ぜんぶ前の話と一緒です。

前の話の奥さんとおんなしように、玄関入ったらお膳とお椀を並べた部屋があって、座敷では鉄瓶の湯が沸いてて、いまにもお茶を入れよとしてるみたいやし、便所かどっかにだれかが立ってるような気配もしよる。婿さんはぼーっとしてきて、だんだん怖なって、小国の村へ引っ返しよってん。

この話聞いて小国のほうでは信じるもんはだれもおれへんかってんけど、山崎のほうやと、

「その家は絶対マヨイガや！　そこ行って、お膳やお椀持って帰ってきたら、大金持ちになれるで！」

言うて、婿さんを先頭に、大勢の人が山奥まで探しにいってん。

ほんで、「ここが門やった」っちゅうとこまで来てんけど、なんも見つかれんかったさかい、空しゅう帰ってきたんやて。その後、婿さんが金持ちになったっちゅう話かて聞きまへん。

○上閉伊郡金沢村。

【解説】

マヨイガは「迷い家」で、山中に忽然と現れる人気のない屋敷、またその屋敷を訪れたものをめぐる伝承のことです。マヨイガを訪れたものは何かを持ち出して帰ると、富貴（ふうき）が得られるのですが、六三話と六四話の結末が異なるように、だれもがマヨイガの恩恵を受けられるとはかぎりません。

こうしたマヨイガは、「隠れ里」をめぐる伝承とも重なります。隠れ里は、人間が容易にはたどり着けない富貴自在の別世界で、山の中や水の底にあると想像されてきました。川の上流からお椀や箸、米のとぎ汁などが流れた、米搗（つ）きや機織りの音が山の中から聞こえてきたといった伝説が、日本の各地に数多く残されています。

前兆

あの出来事は悲劇は前触れだったのか

雪合羽(ゆきがっぱ)を着た男

七八　これかて田尻(たじり)＊長三郎が話したことやねんけど、田尻家に奉公してた山口の長蔵っちゅう、七十あまりでいまも生きてるじいさんがいてます。

長蔵が前に、夜遊びして遅うに帰ってきたとき、大槌(おおづち)往還の方に向いて立ってる主人の家の門前で、浜の方から来た雪合羽(ゆきがっぱ)着た男に会いましてん。その人が近づいてきて立ち止まったもんやから、怪しんで見たら、往還を隔てた向かいの畠の方へ、すっと反れて行きよった。

「あのへんに垣根があったはずや」と思てよう見たら、やっぱし垣根があるさかい、長蔵は急に怖なって、家の中に飛び込んでいまのことを主人に話してん。

あとで聞いたら、長蔵が男と会うたんとおんなし時刻に、新張(にいはり)村の何某ちゅうもんが、浜からの帰り道に馬から落ちて死んでしもてたんやて。

＊　七七話（183頁）を指す。

芳公（よしこう）馬鹿と出火

九六　遠野の町に、「芳公（よしこう）馬鹿」って呼ばれてる、頭のおかしい三十五、六の男がおって、一昨年までは生きてました。

　この男の癖ゆうたら、道ばたで木の切れ端とか拾てきて、それをねじってこまごま見つめたり、嗅いだりすんねん。人の家行ったら、柱とかこすった手ぇ嗅いで、だれかれかまわんと目の先にさしだして、ニコニコ笑うてちょくちょく嗅いだりしよる。

　そんな芳公馬鹿が、往来を歩きながら急に立ち止まって、拾った石とかあたりの家にぶつけて、

「火事や、火事や」

てうるさい声で叫ぶことがあるねんけど、そしたらその晩か次の日に、物ぶつけられた家から火が出えへんことはあらしません。

　おんなしようなことがなんどもあったさかい、ぶつけられた家でも、火事に注意して防ごとしてんけど、無事やった家は一軒もあらへんそうです。

【解説】

ものごとの前兆に気づく予知能力をめぐる話は『遠野物語』のなかにはいくつもあり、少しあとに登場する「まぼろし」にも出てきます。

九六話の芳公馬鹿は、火事を予知する超越的な力が備えており、原文では「白痴」とみなされています。しかし民俗的な社会においては、知的に障害がある人は差別されるだけでなく、人に見えないものが見えたり、感じられないことが感じられたり、未来に起こる出来事を予知する能力をもつのではないかと畏怖されることもありました。

なおもとの題目のうち二〇話は「家の盛衰」に、五二輪は「色々の鳥」と重複のためそちらに移しました。

魂の行方（その一）

親しかった人への最期の挨拶

ひいばあさんの帰還

二三　佐々木くんの曾祖母さんが、もうええ年で死なはったとき、お棺に入れて、親族のもんが集まってきて、その夜はみな座敷で寝たんやそうです。死んだひいばあさんの娘で、頭がおかしなって離縁されてご婦人も、そこにいてました。
　喪中は火ぃ絶やしたらあかんてゆうのが、このへんのならわしなんやそうで、祖母さんとお母んの二人は、大っきい囲炉裏の両側に坐って、お母んはそばにおいた炭籠から、ちょいちょい炭継いだりしてましてん。

　そしたら裏の方から足音がして、こっちに来るもんがおるさかい「だれや」と思たら、死んだはずのひいばあさんや。

　腰が曲がったせいで引きずってしまう着物の裾を前に縫いつけてるとことか、着物の縞目もなんかもほんまにそのまんまやってん。

「なんやっ！」て思てるまもないうちに、二人が坐ってる炉の脇を通りすぎて行きよって、着物の裾が炭取いろたら、丸い炭取やさかいクルクルまわりよった。

　気の強いお母んは振り向いて見送ってんけど、ひいばあさんは、親類の人らが

寝てる座敷の方へ近よっていきよる。そしたら、あのおかしな女がうるさい声で、

「ばあさんが来よったー！」

てわめきよってん。

ほかのもんは大声で目ぇ覚まして、びっくりするばっかしやった。○

○この話は、メーテルリンクの『侵入者』を思い起こさせる。

この世への執着

二三　同じ曾祖母さんの二十七日（ふたなのか）忌の前の夜、知り合いが集まってきて、夜が更けるまで念仏を唱えててん。そろそろみなが帰ろとしたら、門口の石に腰掛けて、あちらのほうを向いたひいばあさんがおんねん。後ろ姿は、亡くなったひいばあさんのとおりやし、間違いあらへん。

大勢のもんが見たことやさかい、だれかて疑うてへんけど、ひいばあさんがこの世にどないに執着があったもんか、知るもんはおらへんかった。

道普請(みちぶしん)を手伝う

八六　土淵(つちぶち)村の真ん中の、役場小学校なんかがあるとこを、字本宿(もとじゅく)ゆうて、ここに豆腐屋を生業(なりわい)にしてる「政」っちゅう、いま三十六、七の男がいてます。

　この男のお父(と)んが大病で死にかけてたころ、土淵村と小烏瀬(こがらせ)川をへだてた字下栃内で道普請(みちぶしん)があって、地固めの堂突(どうづ)き＊1をしてましてん。そしたら、夕方に政のお父んがひとりで来よってん。ほんでみなに挨拶して、

「おれかて堂突きしたるでぇ」

言うて、仲間に入ってしばらく仕事してから、暗(くろ)うなりかけたらみなと連れ立って帰りよった。「あのおっちゃん、大病のはずやん」て、けったいに思ててんけど、後から聞いたらその日に死んだんやて。

　お悔みに行った人らが今日のこと話したら、その時刻はちょうど、政が息を引き取った時刻やったそうです。

＊1　地盤を突き固める作業。

飲んだはずのお茶1

八七　名前は忘れてしもてんけど、遠野のある豪家の主人が大煩いをして、もうご臨終かっちゅうさなかのある日、菩提寺をふらっと訪ねてきよってん。
　和尚さんは茶ぁすすめたり、主人を丁重にもてなしたんやて。ほんで世間話とかして「ほな帰ろか」っちゅうとき、ようすがおかしかったさかい小僧につけさせたら、門出て家の方に向かう角曲がったとこで、見えへんようになってしもてん。せやけどその道で、この人に会うたもんはだれもいてません。

　ふだんやったら、だれにでもよう挨拶する人やねんけど、この日の晩に死んで、外出できるようすやなかったて言います。

　寺で茶ぁ飲んでたはずやと思て、茶椀をおいてたとこ確かめたら、畳の合わせ目にぜんぶこぼしたあってん。

飲んだはずのお茶2

八八　これかてよう似た話です。

土淵(つちぶち)村大字土淵の常堅寺(じょうけんじ)ゆうたら、曹洞宗(そうとうしゅう)の寺で、遠野郷十二ヶ寺の触頭(ふれがしら)に*2なってます。ある日の夕方、村人の何某っちゅうもんが本宿(もとじゅく)からくる道で、何某ゆう年寄りに会うてん。

この年寄りは以前から大病してたもんやさかい、

「いつのまにようなってん？」

て尋(たん)ねたら、

「この二、三日、気分がええもんやさかい、今日はお寺に話を聞きに行きまんねん」

言うて、寺の門前まできたら、また言葉を掛け合って別れたんやて。

常堅寺のほうでもこの年寄りが訪ねてきたもんやから、和尚が出迎えて、お茶すすめて、しばらく話しをして帰らはったて言います。

この寺でも小僧に後つけさせてんけど、門の外に出たとこで見えへんようになったもんやさかい、びっくりして和尚さんに言うてん。ほんでよう見たら、畳のあいだに茶ぁこぼしたあって、その年寄りはその日に死んどったそうです。

＊2　幕府や藩の寺社奉行の下で各宗派ごとに任命された特定の寺院。

【解説】

「魂の行方」は『遠野物語』のなかで最も重要な題目です。そこで二二話、八六話、八七話、八八話を（その一）、九五話、九七話、九九話、一〇〇話を（その二）というふうに二つに分けました。また二二話と内容が連続する「まぼろし」から二三話をこちらに移しました。

　その二二話と二三話における幽霊出現のリアリティを、三島由紀夫は『小説とは何か』（一九七二年）のなかで激賞しています。「『裾にて炭取にさわりしに、丸き炭取なればくるくると回りたり』と来ると、もういけない。この瞬間に、われわれの現実そのものが完全に震撼されたのである」。炭取りの回転によって「超現実が現実を犯し、幻覚と考える可能性は根絶され、……幽霊の方が『現実』になってしまった」。幽霊の出現を現実にする遠野の奥深さを表す話だと言えるでしょう。

魂の行方（その二）

思いがけない死者との再会

菩提寺の上空を飛ぶ

九七　飯豊に住んでる菊池松之丞てゆう人が、えらい高い熱出してもう息が止まりそうなとき、田んぼに急いで出て、菩提寺の喜清院[*1]に向かおうとしたんやそうです。

そしたら松之丞がちょっと足踏んばっただけで、知らんと空飛んで、人の頭ぐらいのとこを前下りにいきよるねん。ほんでまたちょっと力を入れたら、昇っていきよる。そらもう、なんとも言えんぐらいええ気持や。

お寺の門まで近づいたら、人がえらい集まっとって、「なんでやろ？」てけったいに思て門入ったら、紅い芥子の花がぎょうさん咲いてて、ほんまに気持ちがええ。よう見たら花のあいだに、死んだお父んが立ってて、

「なんや、お前も来たんか」

て言いよる。

なんか返事して、またちょっと行ったら、こんどは死んでしもた男の子がおって、

*1　遠野市青笹町青笹にある曹洞宗の寺院で、「シダレ桜」で知られる。

「おとうちゃんも、来たんか」

て言いよる。

「おまえ、ここにおったんかいな」

言うて近よろとしたら、子どもが、

「あかん、あかん、今来たらあかんで」

て言いよんねん。

そのとき門のへんで、じぶんの名前をえらいにぎやかに呼ぶもんがおるさかい、うるそうてしゃあないし気が重いけど、いやいや引き返そとしたら正気に戻りましてん。

気ぃついたら親類のもんらが、みなして水かけて、名前呼んで生き返らせたんやて。

津波で妻と別れた男

九九　土淵(つちぶち)村の助役をしてる北川清の家は、字火石(ひいし)にあります。

北川家は代々の山伏(やまぶし)で、お祖父さんは正福院てゆう、ぎょうさん本を書いてる学者で村のことをようしてきた人です。

清の弟の福二ゆう人は、海ぎわの田の浜に婿入りしてんけど、こないだの大海嘯(おおつなみ)[*2]で奥さんとお子さんを失(な)くして、屋敷の立ってたとこに小屋をこさえて、そこに助かった二人の子どもと一年ほどいてます。

清二が、夏の初めの月のええ晩、便所に行くのに立ったら、遠くの波がザバーンて打ち寄せる、浜辺に沿うた道の方が気になりましてん。そしたら、深い霧の中から男と女の二人連れが近よってくるさかい、よう見たら女のほうは、死んでしもたはずの嫁さんやないかいな。

気づかれへんように後つけて、船越(ふなこし)村の方に行く岬の洞穴まで追っかけて名前呼んだら、こっちのほう振り向いて、「ニコッ」て笑いよる。「男はどこのどいつや」と思て見たら、おんなし里の、やっぱし海嘯におうて死んだ男やってん。そう言うたらじぶんが婿入りする前に、嫁さんと仲ようしとったちゅう男や。

「あんた、すんまへん。この人と夫婦(めおと)になりましてん……」

言うもんやさかい、

*2　明治二九年（一八九六）六月十五日に起こった明治三陸地震にともなう大津波。

「おまえ、子どものこと可愛いことないんか？」

て言うたら、嫁さんは顔色変えて泣きよる。

せやけど、死んだもんと口きいたと思われへんし、なんやもう悲しゅうて、情のうて足元見てたら、男と嫁さんは急いで行(い)んで、小浦(おうら)へ行く道の山陰まわって見えへんようになってしもてん。

追っかけてみてんけど、「あれは、ほんまに死んでしもたやつらや」て気ぃついて、夜明までぼーっと立ってて朝になって帰りよった。

そんなことがあってから、福二は長いことわずらったんやて言います。

化けた女狐

一〇〇　船越(ふなこし)で漁師をしてる何某が、ある日仲間のもんと吉利吉里(きりきり)から帰ろとして、夜遅うに四十八坂のへんを通ったら、小川が流れてるとこで女に会うてん。けどよう見たら、じぶんの嫁さんやないかいな。

せやけど、こんな真夜中にひとりでこんなとこ来るわけあらへんし、化けもんに違いない思て、いきなり魚切り庖丁で後から刺したら、悲しい声立てて死んでしまいよった。

化けもんは正体をすぐにあらわさへんかってんけど、気に掛かったもんやから、あとのことは連れに頼んで家まで駆け帰ったら、嫁さんは変わったようすものうて待っとった。そしたら嫁さんが、

「いま、えらい怖い夢見ててん。あんたの帰りがあんまり遅いもんやさかい、夢の中で、道の途中まで探しに出てんけど、山道でようわからんもんに脅かされて、命取られてしまいそうなとこで目が覚めてん」

て言いよる。

せやったらと、またさいぜんのとこまで引き返したら、連れのもんが見てるうちに、殺した女は狐になったんやて。

夢で野山に出かけたら、獣にからだを借りられてまうことがあるみたいや。

【解説】

明治二九（一八九六）年六月一五日、犠牲者約二万二千人にのぼる明治三陸地震津波が発生しました。このとき九九話の舞台である田の浜（現在の岩手県下閉伊郡山田町船越）では、一三八戸の家のうち一二九戸が流失し、死者が四八三人、生存者は三二五人と、集落の半分以上の人が亡くなってしまったのです。北川福二の妻もそのうちのひとりだったのです。

柳田国男は明治三陸地震津波の被害をもとに『二十五箇年後』という文章を書いています。大津波から四半世紀後、三陸沿岸を歩いた柳田が目にしたのは、漢文で記された津波記念碑で、現在の村民には読むことができないため津波の教訓が伝わっていない。高台に移転してもやがて海辺に戻ってくる人々の現状とその心情に、柳田は思いめぐらせたのでした。

九七話は目に浮かぶほど鮮やかな「臨死体験」の記録です。

まぼろし

思いすごしか、前兆か

石を枕にして寝る男

七七　山口の田尻長三郎は土淵村一の金持ちです。

その田尻家の当主の祖父さんの話やねんけど、この人が四十あまりのころ、おひでてゆうばあさんの息子が亡くなりましてん。葬式の夜、念仏終えて、めいめいで帰ってしもたあと、じいさんは話し好きやったもんやさかい、ちょっとしてから帰ろとしたら、軒の雨落ちの石を枕にして、仰むけで寝てる男がおるねん。見たこともない男やし、よう見たら死んでしもてるみたいや。

月の出てる夜やったさかいその光で見たら、膝立てて口を開けたまんまやねん。大胆やった祖父さんは足で揺すってみてんけど、ちょっとも動かへん。男は道をふさいどるししゃあないから跨いで家に帰ったんやて。

次の朝そこに行ったら、もちろん跡形もあらへんし、ほかには見たて言うもんもおらへんかってんけど、男が枕にしとった石の形と石があったとこは、昨夜見たまんまやった。

祖父さんが言うには、

「いっそのこと、手ぇかけたらよかったんやけど、やっぱし半分怖かったさかいに足でさわっただけやし、なんの仕業かはっきりわからへん」ちゅうことです。

ヨバヒトの気配

七九 田尻(たじり)家に奉公してた長蔵のお父さんかて、長蔵て言います。長蔵の家は代々田尻家の奉公人で、奥さんと一緒に仕えてます。

その長蔵が若いころ夜遊びに行って、まだ宵のうちに帰ってきてんけど、門の口から家に入ったら、懐に手ぇ入れて、筒袖(つつそで)の袖口垂れた人影が洞前(ほらまえ)*1に立ってんねん。せやけど、顔はボーッとしててよう見えへんかってん。

長蔵の奥さんはおつねて言うねんけど、おつねのとこへ来た「ヨバヒト」○1ちゃうかと思て、平気で近よってってんけど、奥に逃げんと、かえって右手の玄関の寄ってきよる。

長蔵は「なに馬鹿にしとんねん」て腹立って、もっと近寄っていったら、懐手

*1 馬屋の前あたりをさす。

のまま後ずさりして、玄関の戸の三寸ほど開いたとこから、すっと中に入りよってん。せやけどけったいに思わんと、戸の隙間に手ぇ入れて中を探ろとしたら、中の障子はあんじょう閉じたある。

このときになって、やっと怖なってきて、ちょっと後ろに下がって上見たら、男は玄関の雲壁[2]にへばりついて、こっちを見下しとんねん。低うに垂れた首は頭にさわりそうやし、目ん玉は一尺あまりも抜け出てるみたいな感じで、もうほんまに怖いばっかしやってんけど、これがなんか前兆っちゅうことはなかったんやて。

○1「ヨバヒト」は「呼ばい人」で、女に思いを運ぶ人のことをいう。
○2「雲壁」は長押の外側の壁のこと。

遠野特有の間取り

八〇　右の話をあんじょうわかろと思たら、田尻家の家のようすを図にする必要があります。遠野地方の家の建てかたは、どこかてだいたいこれとおんなしです。

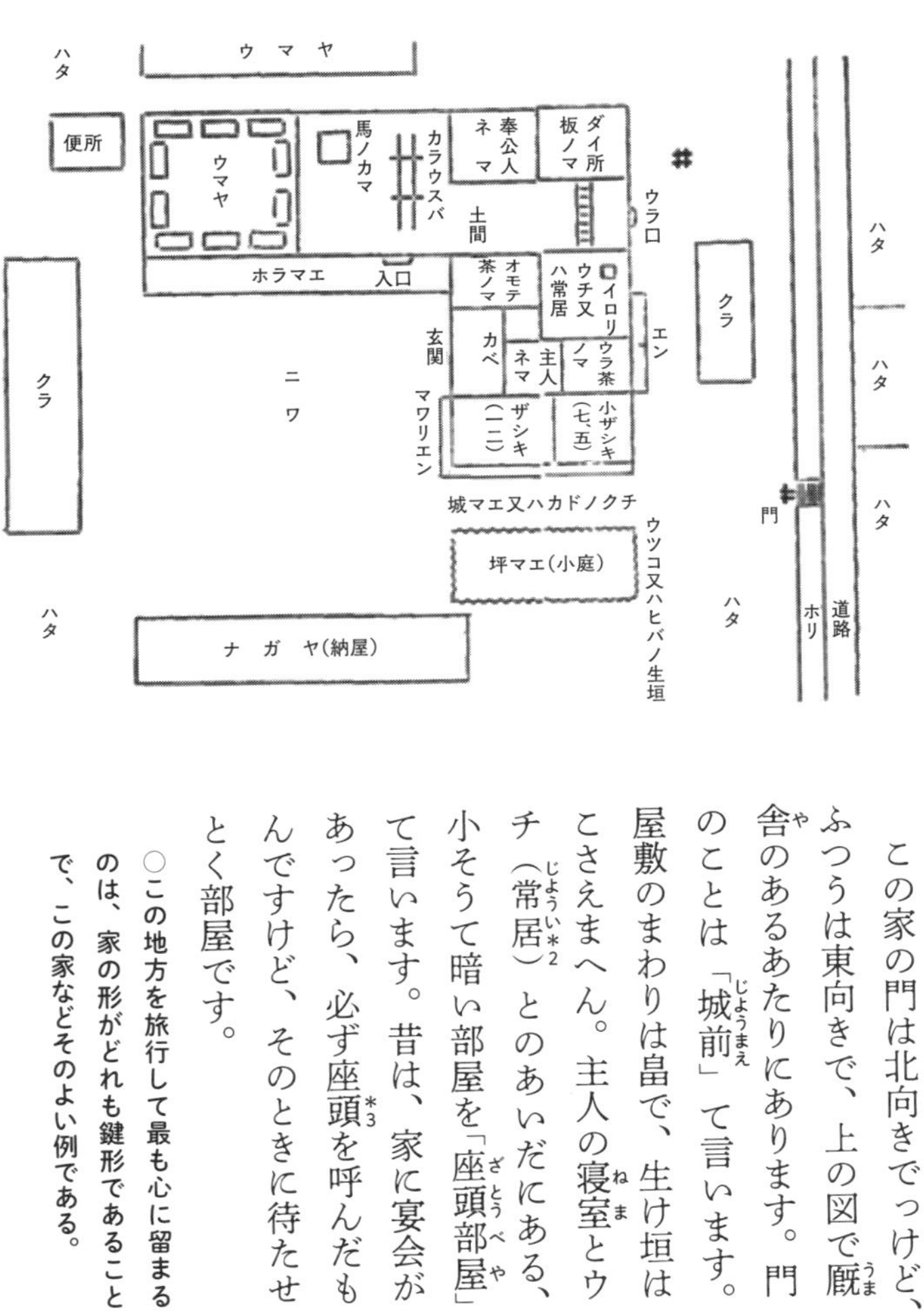

この家の門は北向きでっけど、ふつうは東向きで、上の図で厩（うま）舎（や）のあるあたりにあります。門のことは「城前（じょうまえ）」て言います。屋敷のまわりは畠で、生け垣はこさえまへん。主人の寝室（ねま）とウチ（常居（じょうい）*2）とのあいだにある、小そうて暗い部屋を「座頭部屋（ざとうべや）」て言います。昔は、家に宴会があったら、必ず座頭*3を呼んだもんですけど、そのときに待たせとく部屋です。

○この地方を旅行して最も心に留まるのは、家の形がどれも鍵形であることで、この家などそのよい例である。

*2　居間。

*3　僧形の盲人で、楽器、語り物、あんま・はりなどを職業とするもの。

青ざめた顔の男

八一　栃内(とちない)の字野崎(のざき)に、二、三年前に三十あまりで亡くなった、前川万吉ゆう人がいてました。

この人かて、死ぬ二、三年前の六月の月夜、夜遊びに行った帰りしなに、門の口から回り縁に沿うて角まで来たとき、なんとなしに雲壁見たら、そこにピタッて貼りついて寝てる男がおってん。その顔色ゆうたらえらい青ざめとったんやて。万吉はめちゃくちゃびっくりして病気になってしもてんけど、これかてなんの前兆でもなかった言います。

これは田尻(たじり)氏の息子の丸吉が、前川万吉とじっこんやったから聞いた話です。

手に映る人影

八二　こっちの話はその田尻(たじり)丸吉が、じぶんで合うたできごとです。

丸吉がまだ子どもやったころ、ある夜、便所に行こと思て常居から茶の間に入

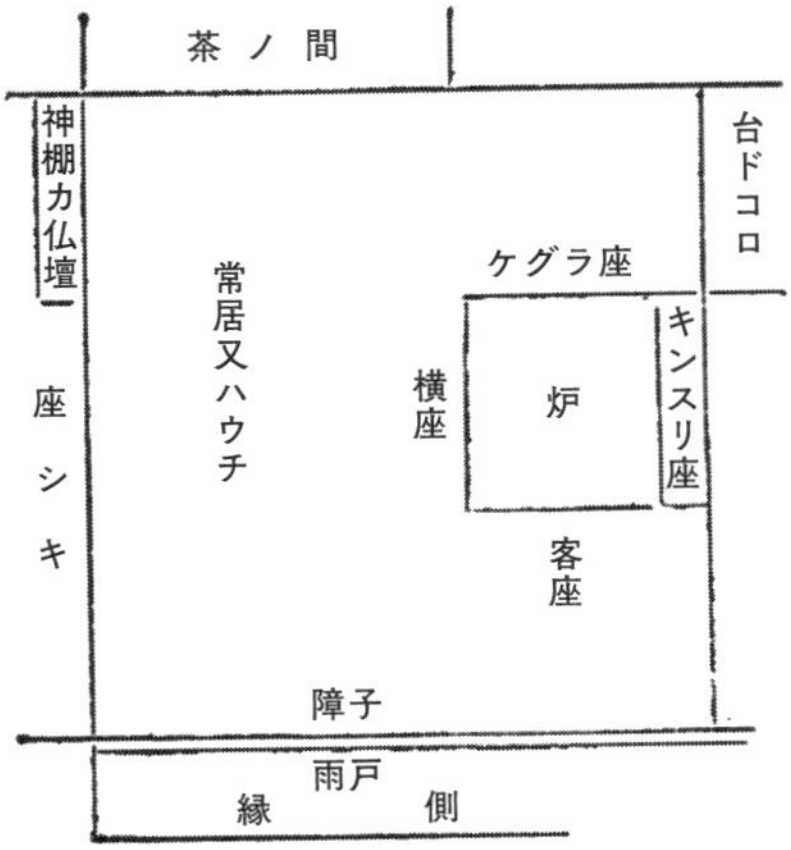

ったら、座敷との境にだれか人が立ってんねん。姿がかすかでぼーってしてんねんけど、衣の縞とか眼鼻はよう見えて、髪の毛を垂らしとる。そらもうほんまに怖かってんけど、手ぇ延ばして探ったら板戸にガタって突き当たるし、戸の桟にもふれよる。

　せやけどじぶんの手ぇは見えへんし、その上に影みたいに人の形が重なるねん。ほんでその顔のとこへ手ぇやったら、手の上に顔が見えよる。

　常居に戻ってそのこと話したら、みんなも行灯もって見にいってんけど、もうなんもおらへんかったんやて。けど万吉は、近代的でりこうな人やし、嘘なんかゆう人やおまへん。

山田の蜃気楼

一〇六　海岸の山田では蜃気楼が毎年見えるねんけど、いっつも外国の景色なんやそうです。見たこともあらへん都会のようすで、馬車が路上をさかんに走ってて、人の往来かてびっくりするぐらい。せやけど家の形は、毎年ちょっとも違うことがあらへんのやて。

【解説】

七九話や八一話で柳田は、「間取り図」を示しながら、幽霊や物の怪は、家の「構造」から生まれてくると示唆しているかのようです。そんな柳田の間取りに対する関心は明治四四年（一九一一）に山梨県南都留郡道志村を旅した際、「常居」という言葉が気に掛かって以来だと考えられています。なお、もとの題目のうち二三話は「魂の行方（その一）」に移し、題目「家のさま」から八〇話をこちらに移しました。また題目に含まれない一〇六話はここに収めています。

花
あの花は、どこに咲いてたのか

桐の花が咲く山

三三　白望の山まで行って泊まったら、深夜にあたりがうす明るうになることがあります。

秋のころ、茸採りに行って山の中で泊まったもんは、こうゆうことによう遭うし、谷向こうで大木を伐り倒す音とか、歌声なんかが聞こえてくることもあります。この山の大きさゆうたら、はかりしれへんねん。

五月に萱刈りに行ったら、遠くの方に、桐の花が咲きみだれた山が望めます。ちょうど紫の雲がたなびいてるみたいやねんけど、どないしてもそこまで近づくことはできひん。

前にも茸を採りに入ったもんが、白望の山奥で、金の樋と金の杓を見たんやそうです。せやけど、持ち帰ろとしたらめちゃくちゃ重いし、片方だけでも鎌で削り取ったろ思てんけど、それかてできひん。

けど「また来たろ」と思て、木の皮を白う削って栞にしといてけど、次の日にほかのもんと一緒に探しにいったら、その木のありかも見つけられんと帰ってきたんやて。

カッコ花

五〇 死助（しすけ）の山に咲いてる「カッコ花*」は、遠野でも珍しい花やて言われてます。五月の閑古鳥（かんこどり）の啼（な）くころなったら、女や子どもは、この花採りに山に行きます。酢の中に漬けといたら紫色になるし、ほおずきの実ぃみたいに吹いて遊びます。この花を採りに行くんは、遠野の若い人らのいちばんの娯楽やねんて。

* ラン科の多年草「アツモリソウ（敦盛草）」のこと。

【解説】

桐の花が咲く白望（しろみ）山は、現在の白見（しろみ）山で（標高一一七三メートル）、不思議な出来事がよく起こる山だったようです。また三三話の金の樋（とい）と金の杓（しゃく）というのは砂金を取るための採金道具で、白見山の北にあった長者森という金山の存在が、この伝承に反映されているという説もあります。

小正月の行事

初春を祝う小さなお祭

福の神と山の神

一〇二　正月十五日の晩のことを「小正月」て言います。

子どもらは宵のうちに、「福の神」て呼んでる四、五人連れになって、袋を持って人ん家（ち）行って、

「明の方から福の神が舞い込んだ」

て唱えて餅をもらうならわしがあります。

宵を過ぎたら、この晩だけはだれかて、戸の外に出ることは絶対にあらへん。「小正月の夜半過ぎたら、山の神が出てきて遊びよる」てゆう言い伝えがあるからやねん。

山口の字丸古立（まるこだち）のおまさっちゅう、いま三十五、六の女が、まだ十二、三歳やった年のことです。

なんでか知らんけどひとりで福の神に出たおまさが、いろんなとこ歩いて帰りが遅なり、淋しい道を帰ったら、向こうの方から背の高い男が来てすれちがいよんねん。よう見たら、顔はえらい赤（あこ）うて、眼はかがやいとるもんさかい、袋を捨

てて逃げ帰ってんけど、そのあと大病をわずらったんやそうです。

五穀の実りを占う「月見」

一〇四　小正月の晩には、行事がぎょうさんあります。「月見（つきみ）」ゆうんは、六つの胡桃（くるみ）の実を十二に割って、いっぺんに炉（ろ）の火にくべていっぺんに引き上げて、一列にして右から「正月、二月」て数えまんねん。満月の夜、晴れになる月はいつまでも赤（あこ）うて、曇りになる月はすぐ黒うになります。風が吹く月は、「フーフー」音立てて、火が揺れます。なんべん繰り返したかておんなしことで、村じゅうどこの家でもおんなし結果になるんは妙なことです。

次の日はそのことを話し合うて、たとえば「八月の十五夜、風」てなったら、その年の稲の刈り入れを急（せ）くんやて。

○五穀の占い、月の占いで、多少の変化をもって諸国で行なわれる。陰陽道に由来するものであろう。

餅で占う「世中見（よなかみ）」

一〇五　ほかにも「世中見（よなかみ）」ていうのんは、おんなし小正月の晩に、まずいろんな米で餅こさえて鏡餅にします。そしてから、鏡餅とおんなし種類の米をお膳の上に平らに敷いて、その上に鏡餅を伏せて、お鍋をかぶせて翌朝にそれを見るんやて。

ほんで、餅についた米粒が多かったら、その年は豊作やゆうて、早・中・晩の種類を選んで決めますねん。

【解説】

『遠野物語拾遺』の二七一話や二八六話によると、遠野では「福の神」や「月見」「世中見」のほかに、「ナモミタクリ」、「田植え」、「畑蒔き」、「春駒」などの行事が小正月に行われていたと言います。

ナモミタクリは、「ヒカタタクリ」とも言い、「ナモミ」も「ヒカタ」も火にあたってばかりいるとできる火斑のことで、瓢箪に小刀を入れて「からから」と振り鳴らしながら家々を回り歩き、怠惰を諫めるのだそうです。秋田のナマハゲと似ていますが、遠野では鬼のような異相をしていなかったようです。

田植えは女の子が松葉を手に持ち、雪の上で田植えの真似をしてお餅をもらって歩く。畑蒔きは雪を鍬で畦立てして、「よえとやら、ざいとやら」と歌ってもらい歩く。春駒は鈴を鳴らし、白紙に馬を描いたものを家ごとに配り歩き、餅をもらって歩く行事だそうです。

なおもとの題目のうち「オクナイサマ」と重なる一四話はそちらに入れました。

雨風祭

辻神を祀る盆行事

陰陽をつけた藁人形

一〇九　お盆のころになったら、「雨風祭」ゆうて、人より大っきい人形を藁でこさえて、道が分かれるとこまで送っていって、そこに立てます。紙の上に顔描いて、陰陽の形を瓜でつくって添えたりもします。この祭とよう似た「虫祭」の藁人形は、形も小っさいし、こんなことはせえへん。

雨風祭のときには、集落ごとに頭屋を選んで、里人が集まって酒飲んでから、みんなで笛太鼓で囃して道の辻まで送ります。

祭で吹く笛のなかには、桐の木でこさえた「ホラ」なんかもあって、それを高い音で吹きまんねんけど、そのとき、

「二百十日の雨風まつるよ、どちの方さ祭る、北の方さ祭る○」

ゆう歌をうたいます。

○『東国輿地勝覧』*には、韓国でも厲壇を必ず城の北方に作ると記される。どちらも玄武神に対する信仰に由来するものである。

* 朝鮮、李朝時代に編纂された地誌。

【解説】

「雨風祭」はもともと二百十日（陽暦九月一日ごろ）に行われる雨風鎮めの共同祈願だったと言われています。「風祭」、「風日待」、「風神祭」などという呼び方もあり、風神に対する祭だったのが、「虫祭（り）」の習俗が重なって伝わったものだとみられます。

虫祭りは、「虫送り」、「虫追い祭り」などとも呼ばれる農耕行事で、田（稲）につく害虫、ウンカ（浮塵子）などを追い払うため、いまでも各地で行われています。虫送りの人形は川に流したり、焼き払ったりしますが、遠野の雨風祭の人形のように、人間ほどの大きさで、陰陽をつけたものもなかにはあるようです。

昔々

結びの言葉は「コレデドンドハレ」

山姥話の宝庫

一一五　お伽話のことを遠野では「昔々」て言うねんけど、「ヤマハハ」の話がいちばんぎょうさんあります。ヤマハハは山姥のことやねんけど、そのうちの一つ、二つを次に書きとめときます。

木の唐うどと石の唐うど

一一六　昔々、あるところにおとんとおかん[*1]がおって、娘が一人いてました。大事な娘やったさかいに、娘を置いて町に出るとき、
「だれが来たかて、戸ぉ開けたらあかんでぇ」

て注意して、鍵掛けて出かけましてん。娘は怖いんもんやさかい、炉にあたって一人でおびえとったら、真っ昼間に戸ぉ叩いて、

「ここ開けんかい!」

て呼ぶもんがいてんねん。

＊1　原文では「トトとガガ」。

「開けへんかったら、ここ蹴破ってまうぞ！」

て脅すもんやから、しゃあなしに戸ぉ開けたら、ヤマハハが入ってきよってん。

ヤマハハは炉の横座（よこざ）に居座って、火にあたって、

「飯炊（た）いて、食べさせ！」

て言いよる。

娘は言うとおりお膳の支度して、ヤマハハに食べさせて、そのすきに家から逃げ出してんけど、ヤマハハは飯食い終わって追ってきよる。ゆうてるまにどんどん近寄ってきて、いまにも背中に手ぇ触れそうになったとき、山陰で柴刈りしてるじいさんに会うてん。

「うち、ヤマハハに追っかけられてんねん、早よ隠して！」

て頼んで、刈っといた柴の中に隠れたんやて。

そこにヤマハハがやってきて、「どこに隠れてん！」て柴の束をのけよとしたら、柴をかかえたまんま、山から滑り落ちよった。その隙ねろてそっから逃げたら、こんどは萱（かや）刈りしてるじいさんに会うてん。

「うち、ヤマハハに追っかけられてんねん、早よ隠して！」

て頼んで、刈っといた萱の中に隠れたんやて。

そこにヤマハハがやってきて、「どこに隠れてん！」て萱の束をのけよとしたら、萱をかかえたまんま、山から滑り落ちよってん。その隙ねろてそっから逃げたら、大っきい沼の岸に出て、そっから先はどこへも行かれへんから、沼の岸の大木の梢に登ったんやて。

そしたらヤマハハは

「どこに行ったかて、逃がさへんからな！」

言うて、沼の水に娘の影が映ってたさかい、沼の中に飛び込みよってん。

娘はその隙に、またそっから走って逃げて、笹小屋見つけてその中に入ったら、若い女がおんねん。ここでもおんなしこと言うたら、石の唐(から)うど*2の中へ隠してもらえたんやて。

そしたらそこにヤマハハが飛んできて、娘のありかを尋(たん)ねてんけど、若い女が、

「そんなん知らん」

て答えたら、

「おらへんことあるかい。人くさい匂いがするやんけ！」

＊2　唐櫃。衣服、経巻などを収納する脚の付いた櫃。

て言いよる。

「そんなん、いま雀（すずめ）をあぶって食べたせいやろ」

て答えたら、ヤマハハかて納得して、

「ほんだらちょっと休もか。石の唐（から）うどの中にしよか？　木の唐うどの中がええか？　石は冷たいし、木の唐うどの中入ったろ」

言うて、木の唐うどの中に入って寝よってん。

そしたらこの家の女は木の唐うどに鍵して、石の唐うどから娘を出して、

「あてかてここに、ヤマハハに連れて来られてん。せやから二人でヤマハハ殺して、里に帰ろ」

て言うねん。ほんで、錐（きり）を赤うなるまで焼いて、木の唐うどの中に刺し通したら、ヤマハハはなんも知らんと、

「二十日鼠（はつかねずみ）がきよった」

て、のんきに言いよる。

今度は、焼錐（やききり）で刺した穴から沸かした湯注ぎ込んで、ヤマハハを殺しったってん。そないして、二人ともやっと親元に帰れたんやて。

「昔々」の話の終りは、どれかて「コレデドンドハレ」ゆう言葉で結びまんねん。

オリコヒメコと鶏

一一七 昔々、これもあるところにいたおとんとおかんが、娘の嫁入り支度を町に買いに行くさかい、戸ぉ閉じて、

「だれが来たかて、開けたらあかんで」

言うたら、娘が、

「はい」

て答えたもんやから、出かけいってん。

そしたら昼ごろにヤマハハがやってきて、娘を捕えて食べてしもて、娘の皮かぶって化けてしまいよってん。

ほんで夕方に、おとんとおかんが帰ってきて、

「オリコヒメコおるんかあ」

て門の口から呼んだら、

「いてるで、いてるで。えらい早かったなぁ」

て言うから、おとんとおかんは買うてきた嫁入り道具を見せて、娘が喜んだ顔を見たんやて。

その次の日、夜が明けたら、家の鶏が羽ばたきしながら、

「糠(ぬか)屋○の隅っこ見ろや、ケケロ」

て啼(な)きまんねん。

「なんや、ふだんとちがう啼きかたしよるなぁ」て、おとんとおかんは思てんけど、花嫁を送り出さなあかんさかい、ヤマハハのオリコヒメコを馬に乗せて、いまにも出かけよとしたら、また鶏が啼きよるねん。その声は、

「オリコヒメコを載せんとヤマハハのせた、ケケロ」

て聞こえまんねん。

鶏がなんどもこの歌うたうもんやさかい、おとんとおかんもやっと気づいて、ヤマハハを馬から引きずり下ろして殺したってん。それから糠屋の隅を見にいったら、娘の骨がぎょうさん出てきたんやて。

○「糠屋」は物置きのこと。

紅皿欠皿の話

一一八　「紅皿欠皿*3」の話も遠野に伝わってます。せやけど「欠皿」のほうは「ヌカボ」て言うてて、ヌカボは「空穂」のことです。
娘さんが継母に憎まれるねんけど、神様の恵みがあって、しまいには長者の奥さんになったってゆう話です。
こうしたエピソードにはいろいろきれいな絵模様があっておもしろいねんけど、もし機会があったら詳しく書き記すつもりや。

*3　継子いじめの昔話。継子で美しい娘「欠皿」が、継母とその実子の「紅皿」にいじめられるが、欠皿は高貴な人と結婚して幸福になる。

【解説】

民間伝承のなかには、瓜から生まれた「瓜子姫」、「瓜姫」、「瓜子織姫」、「瓜姫御寮」などと呼ばれる娘の話が全国に残っています。

美しく成長した瓜子姫は、機織り(はた)をしている最中に、アマノジャクにだまされて殺されそうになります。結末はおもに二つあり、殿様に嫁いで幸福に暮らす話と、アマノジャクに殺されてしまう話です。

瓜子姫をだますのはアマノジャクのほか、『遠野物語』のようなヤマハハ(山姥)や猿などの場合もありますが、最後には退治されてしまいます。大事に育てた娘が殺されてしまう陰惨な話は、現実に起きた出来事を記憶するために物語化したものかもしれません。

歌謡

獅子踊りでうたう歌のことば

村ごと、人ごとに歌詞が異なる

一一九　遠野郷の獅子踊り○で古くから使われてる歌の詞がありますけど、村とか人によって、ちょっとずつ違てるねんけど、じぶんが聞いたのは次みたいなもんです。これは百年以上前の筆写です。

○獅子踊りはこの地方にそれほど古くからはなく、中世にどこかから移入したものであることはよく知られている。

橋ほめ

一　まゐり来て此橋を見申せや、いかなもをざは蹈みそめたやら、わだるがくかいざるもの

一　此御馬場を見申せや、杉原七里大門まで

門ほめ

一　まゐり来て此もんを見申せや、ひの木さわらで門立てゝ、是ぞ目出たい白かねの門

一　門の戸びらおすひらき見申せや、あらの御せだい

○

一　まゐり来てこの御本堂を見申せや、いかな大工は建てたやら

一　建てた御人は御手とから、むかしひたのたくみの立てた寺也

小島ぶし

一　小島ではひの木さわらで門立てゝ、是ぞ目出たい白金の門

一　白金の門戸びらおすひらき見申せや、あらの御せだい

一　八つ棟ぢくりにひわだぶきの、上におひたるから松

一　から松のみぎり左に涌くいぢみ、汲めども呑めどもつきひざるもの

一　あさ日さすよう日かゞやく大寺也(おおてらや)、さくら色のちごは百人

一　天からおづるちよ硯水(すずりみず)、まつて立たれる

馬屋(まや)ほめ

一　まゐり来てこの御台所(みだいどころ)見申せや、め釜を釜に釜は十六

一　十六の釜で御代(ごよ)たく時は、四十八の馬で朝草苅る

一　其馬で朝草にききやう小萱(こがや)を苅りまぜて、花でかゞやく馬屋なり

一　かゞやく中のかげ駒は、せたいあがれを足がきする

○

一　此庭に歌のぞうじはありと聞く、あしびながらも心はづかし

一　われ〱はきによならひしけふあすぶ、そつ事ごめんなり

一　しやうぢ申せや限なし、一礼申して立てや友だつ

桝(ます)形ほめ

一 まゐり来てこの桝(ます)を見申せや、四方四角桝形の庭也

一 まゐり来て此宿を見申せや、人のなさげの宿と申(もうす)

町ほめ

一 参り来て此お町を見申せや、竪町(たてまち)十五里横七里、△△出羽にまよおな友たつ

○出羽の字も実は不明。

けんだんほめ

一 まゐり来てこのけんだん様を見申せや、御町間中(おんまちまなか)にはたを立前(たてまえ)

一 まいは立町(たてまち) 油町(あぶらまち)

一 けんだん殿は二かい座敷に昼寝すて、銭を枕に金の手遊

一　参り来てこの御札見申せば、おすがいろぢきあるまじき札

一　高き処は城と申し、ひくき処は城下と申す也

橋ほめ

一　まゐり来てこの橋を見申せば、こ金（がね）の辻に白金のはし

上ほめ

一　まゐり来てこの御堂見申せや、四方四面くさび一本

一　扇とりすゞ取り、上さ参らばりそうある物

○「すゞ」は数珠、「りそう」は利生のことか。

家ほめ

一　こりばすらに小金のたる木に、水のせ懸るぐしになみたち

○「こりばすら」の文字は明らかではない。

浪合

一　此庭に歌の上ずはありと聞く、歌へながらも心はづかし

一　おんげんべりこおらいべり、山と花ござ是の御庭へさらゝすかれ

○「おんげんべり」は雲繝縁、「こおらいべり」は高麗縁のこと。

一　まぎゐの台に玉のさかすきよりするゐて、是の御庭へ直し置く

一　十七はちやうすひやけ御手にもぢをすやく廻や御庭かゝやく

一　この御酒一つ引受たもるなら、命長くじめうさかよる

一　さかなには鯛もすゞきもござれ共、おどにきこいしからのかるうめ

一　正ぢ申や限なし、一礼申て立や友たつ、京

柱懸り

一 仲だぢ入れよや仲入れろ、仲たづなけれや庭はすんげないゝ

一 すかの子は生れておりれや山めぐる、我等も廻る庭めぐるゝ

○「すかの子」は鹿の子で、遠野の獅子踊りの面は鹿のようである。

一 これの御庭におい柱の立つときは、ちのみがき若くなるものゝ

○「ちのみがき」は鹿の角磨きのことです。

一 松島の松をそだてゝ見どすれば、松にからするちたのえせもの

○「ちた」は蔦。

一 松島の松にからまるちたの葉も、えんが無れやぶろりふぐれるゝ

一 京で九貫のから絵のびよぼ、三よへにさらりたてまはす

○「びよぼ」は屏風、「三よへ」は三四重か。この歌は最もおもしろい。

めずろぐり

一　仲たぢ入れろや仲入れろ、仲立なけれや庭すんげなえゝ

○「めずゝぐり」は鹿の妻選びのこと。

一　鹿の子は生れおりれや山廻る、我らもめぐる庭を廻るなゝ

一　女鹿（めじか）たづねていかんとして白山（はくさん）の御山かすみかゝるゝ

○「して」の字は「〆」てとあり不明

一　うるすやな風はかすみを吹き払て、今こそ女鹿あけてたちねるゝ

○「うるすやな」は嬉しやなです。

一　何と女鹿はかくれてもひと村すゝきあけてたつねるゝ

一　笹のこのはの女鹿子（めじし）は、何とかくてもおひき出さる

一　女鹿大鹿ふりを見ろ、鹿の心みやこなるものゝ

一　奥のみ山の大鹿はことすはじめておどりでき候ゝ（そろそろ）

一　女鹿とらてあうがれて心ぢくすくをろ鹿かなゝ

一　松島の松をそだてゝ見とすれば松にからまるちたのえせものゝ

一　松島の松にからまるちたの葉も、えんがなけれやぞろりふぐれるゝ

一　沖のと中（ちゅう）の浜す鳥、ゆらりこがれるそろりたつ物ゝ

なげくさ

一　なげくさを如何御人（いかなおひと）は御出（おいで）あつた、出た御人は心ありがたい

一　この代（よ）を如何な大工は御指（さ）しあた、四つ角（かど）て宝遊ばしゝ

一　この御酒を如何な御酒だと思（おぼ）し召（め）す、おどに聞いしがゝ菊の酒ゝ

一　此銭を如何な銭たと思し召す、伊勢お八まち銭熊野参（くまのまいり）の遣ひあまりかゝ

一　此紙を如何な紙と思し召す、はりまだんぜかかしま紙か、おりめにそたひ遊はし

○「はりまだんぜ」は播磨檀紙か。

一　あふぎのお所いぢくなり、あふぎの御所三内の宮、内てすめるはかなめなり
ゝ、おりめにそたかさなる

○「いぢくなり」は「いずこなる」。「三内」の字は不明で仮にこう読んだ。

【解説】

「獅子踊り」は「鹿踊り」、「鹿子踊り」などとも書くように、獅子ではなくシカになぞらえた怪異な頭をつけて踊る民俗芸能です。その起源は殺されたシカを供養するため、山のシカの踊りを真似て遊んだことから、シカを神の眷属とする奈良の春日大社と結びついた奉納舞踊に始まるなどの説があります。

　現在、岩手県内で踊られている鹿踊りには、太鼓踊り系と幕踊り系があり、遠野など県北の旧・南部藩には「幕踊り」が多く、県南の旧・伊達仙台藩には「太鼓踊り」が多いようです。幕踊り系の鹿踊りは、両手に幕を下げ、笛や太鼓の囃子に合わせて踊り、太鼓踊り系は長いササ竹を背負い、太鼓を腹に下げ、太鼓を打ち鳴らしながら踊るといった違いがあります。

参考文献

柳田国男『遠野物語・山の人生』岩波書店（岩波文庫）、一九七六年
『柳田國男全集4』筑摩書房（ちくま文庫）、一九八九年
柳田国男『遠野物語 付・遠野物語拾遺』KADOKAWA（角川ソフィア文庫）、二〇〇四年
京極夏彦・柳田國男『遠野物語 remix 付・遠野物語』KADOKAWA（角川ソフィア文庫）、二〇一四年
佐藤誠輔訳・小田富英注『口語訳 遠野物語』河出書房新社（河出文庫）、二〇一四年
後藤総一郎監修・遠野常民大学編著『注釈 遠野物語』筑摩書房、一九九七年
石井正巳『図説 遠野物語の世界』河出書房新社、二〇〇〇年
石井正巳監修・青木俊明他編『遠野物語辞典』岩田書院、二〇〇三年
志村有弘監修『図説 地図とあらすじでわかる! 遠野物語』青春出版社（青春新書）、二〇一三年

注

本書の原典である『遠野物語』には、今日の人権意識に照らして不適切と思われる語句や表現が含まれています。書き改めるにあたり、できるかぎりの配慮は致しましたが、原典においても差別的な意図はなかったと考えられ、また原典が発表された当時の時代背景に鑑み、一部の語句や表現をそのまま残している部分があることをお断り致します。

プロフィール

著
柳田国男

民俗学者。１８７５年飾磨県（現在の兵庫県）神東郡田原村生まれ。東京帝国大学法科大学を卒業後、農政官僚、貴族院書記官長などを歴任。朝日新聞社客員論説委員、国際連盟委員を務めるかたわら雑誌『郷土研究』の刊行、民俗学研究所の開設などを進めて、常民の生活史をテーマにする日本民俗学を創始した。『遠野物語』、『一目小僧その他』、『明治大正史世相篇』、『先祖の話』、『妖怪談義』、『海上の道』など膨大な著作がある。１９６２年没。

訳・解説
畑中章宏

民俗学者・作家。１９６２年大阪市東住吉区生まれ。〝感情の民俗学〟を提唱して、民間信仰・災害伝承から最新流行の風俗現象まで幅広い対象に取り組む。著書に『柳田国男と今和次郎』『日本残酷物語』を読む』（ともに平凡社新書）、『災害と妖怪』『津波と観音』（ともに亜紀書房）、『天災と日本人』（ちくま新書）、『先祖と日本人』（日本評論社）、『蚕』（晶文社）、『21世紀の民俗学』（KADOKAWA）、『死者の民主主義』（トランスビュー）ほか、編著書に『宮本常一と写真』（平凡社）がある。

絵
スケラッコ

漫画家。京都在住。京都の会社でデザイナーとして勤務後、２０１３年にフリーランスに。２０１６年、京都のお盆をテーマにした『盆の国』（リイド社）が初の単行本として発売。『THE BEST MANGA 2017 このマンガを読め！』（フリースタイル）第１位を獲得。２０１７年、短編集『大きい犬』（リイド社）が『このマンガがすごい！２０１８』（宝島社）オンナ編 第９位を獲得。その他の著書に、現在の広島県三次市に伝わる妖怪実見譚『三次実録物語』を基に描く『平太郎に怖いものはない』前後編（リイド社）、絵本『マツオとまいにちおまつりの町』（亜紀書房）など。

関西弁で読む遠野物語

二〇二〇年三月三十日　初版第一刷発行

著　者　柳田国男
訳　者　畑中章宏
イラスト　スケラッコ
発行者　澤井聖一
発行所　株式会社エクスナレッジ
〒一〇六-〇〇三二
東京都港区六本木七-二-二六
http://www.xknowledge.co.jp/
問合せ先
編集　TEL：〇三-三四〇三-一三八一
FAX：〇三-三四〇三-一三四五
info@xknowledge.co.jp
販売　TEL：〇三-三四〇三-一三二一
FAX：〇三-三四〇三-一八二九